# 순천
# 여행
# 레시피

HAPPY
TRAVEL

04

## Contents

## 1

| | |
|---|---|
| 순천시 전도 | 010 |
| 오! 이토록 멋진 순천 사계절 | 012 |
| 순천 여행 레시피 추천 1박 2일 코스 | 020 |
| 산과 강, 갯벌이 아름다운 순천 | 024 |
| 나홀로 여행자를 위한 알뜰 TIP | 032 |
| 순천의 맛 BEST 9 | 034 |

꼬막 / 짱뚱어탕 / 곱창골목/ 순천 돼지국밥 / 아랫장표 '전' / 떡갈비 / 마늘통닭 / 무화과 / 산채정식과 비빔밥

| | |
|---|---|
| 순천 간식 BEST 5 | 040 |
| 마음을 담은 선물 | 041 |
| 순천 문학 여행 | 042 |
| 추억이 되는 체험 | 044 |
| 흥겨운 순천 | 045 |
| 이것만 있다면 여행 준비 끝! | 046 |
| 순천 시티투어 | 048 |
| 'YOUCAR'로 순천 누비기 | 051 |

## 2 순천 도심

| | |
|---|---|
| 도심 지도 | 054 |
| 어떻게 갈까 | 056 |

빈티지 1일 코스

### 볼거리 레시피　060
**순천만 정원** – WWT습지 / 국제습지센터 / 수목원 전망지와 숲길 / 한국 정원 / 네덜란드 정원 / 태국 정원 / 프랑스 정원 / 순천호수정원 / 추천 코스
남제골 벽화마을 / 공마당 달빛마을 / 순천 향교 / 옥천서원 / 임청대 / 서한모 가옥 / 문화의거리 / 행동골목길 탐험
**순천 시장에서 놀아보자** – 웃장 / 중앙시장 / 아랫장 동천 / 죽도봉 공원 / 철도문화마을
**미국 선교사 마을** – 한국기독교선교박물관 조지왓츠 기념관 / 기독교역사박물관 / 매산중학교 매산관 / 매산여자고등학교 프레스톤 주택 / 한국 들꽃과 전설 벽화
순천 드라마 세트장 / 조례호수공원 / 순천 왜성
**문화의거리 공방** – 쟁이노리터 / 엄마사랑 / 소뇨 / 뮤제이옹

### 맛집 레시피　104
건봉국밥 / 학운정 / 옛날 손만두 / 통통왕만두 / 일품매돈 / 일품뻘낙지 / 소문난 첫번째 집 / 청원식당 / 크레페 핫도그 / 거붕통닭 / 양지쌈밥 / 맥킨지하우스 / 순흥식당/ 동경낙지 / 아랫장 전집 / 곱창골목 / 제일식당

### 카페 & 디저트 레시피　118
화월당 / 골목이층 / 파팔리나 / 베니샤프 본점 / 쿠스트 / 카페 아씨 / 카페 래빗 / 카페 르몽드 / 북카페 바람개비 / 대익차 / 이인수 과자점 / 카페 마노아 / 카페 기적소리 / 카페 드 마망

### 숙박 레시피　128
하루 게스트하우스 / 남도 게스트하우스 / 느림 게스트하우스 / 순천 게스트하우스 / 사이 게스트하우스 / 올라 게스트하우스 / 아뜰리에 레지던스 / 에코촌 유스호스텔

## 3 낙안면

| | |
|---|---|
| **낙안면 지도** | 140 |
| **낙안면 여행팁** | 143 |
| **볼거리 레시피** | 144 |

**낙안읍성** - 낙안 객사 / 주요 관광 코스 / 임경업 장군 비각 / 동헌과 내아 / 김대자 가옥 / 옥사지 / 전통체험 / 낙안읍성 여행 TIP
낙안향교 / 낙안민속자연휴양림 / 뿌리깊은나무 박물관

| | |
|---|---|
| **맛집 레시피** | 155 |

낙안읍성 1호점 / 선비촌

| | |
|---|---|
| **숙박 레시피** | 156 |

나리 민박 / 대추나무집 민박 / 이방집 민박

## 4 순천만

| | |
|---|---|
| **순천만 & 순천만 생태공원 지도** | 160 |
| **어떻게 갈까?** | 160 |
| **순천만 여행팁** | 163 |
| **볼거리 레시피** | 174 |

**순천만 자연생태공원** - 자연생태관 / 순천만 천문대 / 자연의소리 체험관 / 용산전망대 / 순천만 생태공원 체험
순천문학관 / 순천만 갈대축제 / 낭트 정원 / 와온해변 / 화포해변 / 거차 뻘배 체험장 / 방원 공룡박물관

| | |
|---|---|
| **맛집 레시피** | 181 |

순천만 일번가 / 순천만 정문식당 / 대대선창집

| | |
|---|---|
| **카페&디저트 레시피** | 184 |

낭트정원 빨래배 카페 / 도솔 / 카페 놀

| | |
|---|---|
| **숙박 레시피** | 187 |

무진펜션 게스트하우스 / 순천만 풍경펜션 / 놀 펜션

## 5 조계산

| | |
|---|---|
| **송광사 & 선암사 지도** | 192 |
| **어떻게 갈까?** | 192 |
| **볼거리 레시피** | 194 |

**송광사** - 가람배치 / 일주문 / 척주각과 세월각 / 능허교, 우화각 / 침계류 / 약사전 / 영산전 / 대웅보전 / 관음전 / 보조국사 부도 / 성보각 / 수선영역 / 불일암 / 송광사 3대 명물
**선암사** - 나무 장승 / 승선교 / 선암매 / 강선루 / 삼인당 / 일주문 / 삼층 석탑 / 대웅전 / 화엄경상변도 / 원통전 / 해우소
고인돌 공원 / 일일레저타운

**맛집 레시피** 218
길상식당 / 벌교식당 / 송광사 길상식당 / 진일기사식당

**카페 & 디저트 레시피** 221
다송원 / 백련아이스크림

**숙박 레시피** 222
순천 전통야생차체험관

\* 이 책에 실린 내용은 작가가 직접 여행하면서 취재한 정보를 바탕으로 하였습니다. 교통비, 입장료, 밥 값 등은 2015년 3월을 기준으로 한 것입니다. 실제 여행할 때에는 약간의 금액 변동이 있을 수 있습니다.

# 봄

모두가 사랑스러운

분홍빛으로 물드는 동천 벚꽃길

# 여름

푸른 하늘에 청명한 바람이 부는 낙안읍성

## 가을
조계산을 물들이는 단풍

## 겨울

가슴 속 깊은 곳까지 쏴아 바람이 지나가는 순천만 갈대숲

## 추천 1박 2일 코스

### 핵심! 하루 코스

하루 동안 순천의 대표 여행지만 쏙쏙 골라 돌아보는 코스!
순천은 볼 것도 많고 주요 여행지간 이동거리가 길다. 시간을 잘 활용해 알차게 돌아보자.

1. 낙안읍성 — 점심(꼬막정식 또는 백반) — 순천만 생태공원 — 순천만 정원 — 저녁(돼지국밥)

2. 선암사 — 점심(산채정식) — 송광사 — 순천만 생태공원 — 저녁(짱뚱어탕)

### 지친 일상 1박 2일 힐링 코스

느리게 걷기 좋은 순천. 대자연에서 일상에 지친 몸과 마음을 다독여보자.

1일: 송광사 — 점심(산채정식 또는 산채비빔밥) — 순천만 정원 — 순천만 생태공원과 용산전망대 — 저녁(떡갈비 정식)

2일: 화포해변 일출 — 아침(돼지국밥 또는 짱뚱어탕) — 낙안읍성 — 점심(낙지탕) — 윗장 — 아랫장 — 드라마 세트장

 **SNS 마니아를 위한 코스**

남는 건 사진뿐이다! SNS와 기념사진 찍기를 좋아하는 이들을 위한 알짜배기 추천 코스. 이동시간이 길어 이른 시간에 여행을 시작해야 모두 둘러볼 수 있다.

드라마세트장 → 순천만 정원 → 남제골 벽화마을 → 순천만 생태공원 → 용산 전망대

**타박타박 도심 코스**

주요 명소를 모두 섭렵한 순천 여행 마니아를 위한 숨은 여행지 코스. 오래된 재래시장과 주택가를 걸으며 순천의 역사와 삶의 자취를 느낄 수 있다.

순천 중앙시장 → 문화의 거리 → 순천향교 → 공마당 달빛마을 → 서한모가옥 → 웃장 → 동천 → 철도관사마을

**순천만 갯벌 코스**

너른 순천만을 모두 둘러볼 수 있는 코스. 일출부터 일몰까지 풍요의 바다, 갯벌에 취해 보자. 버스로도 이동이 가능하지만 일부 여행지는 배차시간이 길어 자가 차량 여행객에게 적합!

화포해변 일출 · 순천만 생태공원 · 순천만 정원 · 와온해변 일몰

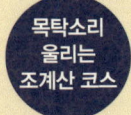

**목탁소리 울리는 조계산 코스**

송광사와 선암사를 잇는 조계산 트레킹 코스는 걷기와 등산을 좋아하는 이들에게 강추할 만한 1일 코스이다. 가벼운 등산화를 신고 송광사 혹은 선암사에서 출발한다. 산 중턱에 있는 보리밥집은 맛집으로도 유명하다. 간단한 식사를 할 수 있지만, 음료 등은 미리 준비하자.

선암사 · 굴목재길 · 점심(보리밥집) · 송광사 · 송광사 불일암

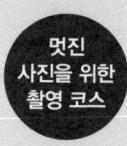
**멋진 사진을 위한 촬영 코스**

순천에는 우리나라 대표 출사지가 모여 있다. 시간에 따라 변화무쌍한 순천의 바다와 하늘을 온전히 담기 위해서는 카메라 배터리와 메모리를 넉넉히 준비하자. 일출과 일몰 촬영을 위해서는 삼각대도 잊지말자.

## * 멋진 풍경사진을 위한 사진여행 스케줄표

| 촬영지 | 촬영시기 | 촬영테마 | 촬영 포인트 |
|---|---|---|---|
| 낙안읍성 | 봄 | 자연풍경 | • 4월에서 5월 초 나뭇가지에 새순이 올라올 때쯤 아침 안개와 어우러지는 초가 풍경!<br>• 초가집 사이로 핀 유채꽃 풍경도 일품! |
| 동천 | 봄 | 자연풍경 | • 동천변을 따라 핀 벚꽃!<br>• 조곡동 주민센터 인근 철길에서 인물사진 한 컷! |
| 서한모가옥 | 사계절 | 빈티지 풍경 | 일본식 가옥에서 찍는 빈티지사진 |
| 선교사마을 | 사계절 | 빈티지 풍경 | 미국 선교사들의 건물을 배경으로 이국적인 풍경사진 |
| 선암사 | 봄, 가을 | 자연풍경 | • 봄 : 매화, 겹벚꽃과 철쭉<br>• 가을 : 은목서, 은행나무<br>• 승선교 아래에서 담는 강선루 |
| 송광사 | 사계절 | 자연풍경 | • 징검다리에서 찍는 계류 반영사진<br>• 가을에는 단풍을 멋스럽게 담아보자. |
| 순천 드라마세트장 | 사계절 | 빈티지 풍경 | 빈티지 풍경과 인물사진을 마음껏! |
| 순천만 생태공원 | 사계절 | 자연풍경 | 언제 어느 때고 좋은 갈대 풍경.<br>칠면초가 붉게 물드는 가을은 좀 더 특별하다. |
| 순천만 생태공원 용산전망대 | 일몰 | 자연풍경 | S자 곡선 위로 내리는 붉은 일몰은 대한민국 대표 출사지. |
| 와온해변 | 일몰 | 자연풍경 | 솔섬과 수평선 위로 떨어지는 붉은 태양을 담아보자. |
| 죽도봉 공원 | 봄 | 자연풍경 | 동천에서 바라보는 죽도봉 공원의 벚꽃 풍경, 팔각정 오르는 길에 키 큰 동백나무가 가득! 순천 시내 전경 촬영에도 적합. |
| 철도관사마을 | 사계절 | 자연풍경 | 일본식 마을과 철도 관사가 남아 있는 빈티지한 풍경. |
| 화포해변 | 일출, 일몰 | 자연풍경 | 작은 어촌마을 풍경. 황금색으로 물드는 겨울 바다 일출은 순천의 숨은 최고의 풍경. |

산과 강,
갯벌이 아름다운
순천

무소유의 정신이 깃든 조계산

드넓은 갯벌, 순천만

일출과 일몰이 아름다운 포구

공부와 취업, 직장일, 가사와 육아에 지쳤다면
순천으로 훌쩍 떠나보자.
사계절 어느 때라도 순천의 자연은 우리 삶의 고됨을
위로하고 치유해준다.
최근 나홀로 여행객들이 가장 많이 찾는
여행지로 순천이 떠오르고 있다.
영화 〈봄날은 간다〉의 유지태처럼
순천만 갈대숲의 서걱이는 노래 소리,
조계산 작은 암자에서 들려오는 풍경소리와 목탁소리,
다람쥐 바스락대는 소리를 담아보자.
온전히 혼자만의 것으로 즐길 수 있다.
작은 포구의 사람들과 버스정류장에서 이야기를 나누고,
마음에 쏙 드는 골목에 나만 아는 이름을 붙여 주면서….

## 혼자여서 더 좋은 게스트하우스

나 홀로 여행길에 친구를 만날 수 있는 곳. 순천 게스트하우스에는 도미토리가 많다. 도란도란 이야기를 나누는 조용한 곳과 흥겨운 파티가 열리는 곳이 있으니 여행 스타일에 따라 즐겨보자. 동행자를 구하기에도 좋다. 대부분 도심에 위치해 있어 숙소에 짐을 맡기고 대중교통이나 차량을 이용해 순천 곳곳을 여행할 수 있다.

## 식사

### 1인분도 OK!

나홀로 여행이지만 맛있는 먹거리를 포기할 수는 없다. 순천에서 홀로 먹기에 좋은 음식과 1인분도 주문할 수 있는 식당은 생각보다 많다. 드물지만 백반도 가능하니 푸짐한 남도 음식으로 든든하게 여행길을 채워보자.

| 식당명 | 음식 |
| --- | --- |
| 건봉국밥 p.104 | 돼지국밥 |
| 낙안읍성 주막 p.155 | 돼지국밥, 비빔밥 |
| 대대선창집 p.189 | 짱뚱어탕 |
| 맥킨지하우스 p.113 | 브런치, 파스타 등 |
| 벌교식당 p.219 | 산채비빔밥 |
| 선암사 길상식당 p.218 | 산채비빔밥 |
| 송광사 길상식당 p.219 | 산채비빔밥 |
| 순천만 일번가 p.181 | 꼬막비빔밥 |
| 순흥식당 p.114 | 돼지국밥 |
| 아랫장 전집 p.116 | 전 |
| 양지쌈밥 p.112 | 고등어 쌈밥 |
| 일품뻘낙지 p.104 | 산낙지 비빔밥, 연포탕 |
| 정문식당 p.182 | 짱뚱어탕, 꼬막비빔밥 |
| 정원식당 p.110 | 백반 |
| 제일식당 p.117 | 돼지국밥 |
| 진일기사식당 p.220 | 백반 |
| 학운정 p.105 | 보리비빔밥, 게장정식 |
| 동경낙지 p.115 | 낙지전골 |

이외에도 많은 식당들이 1인분 음식을 제공한다. 검색어에 "혼자, 홀로"와 함께 음식명이나 식당명을 같이 검색해보자.

## 교통

### 순천 투어라면 OK!

순천시는 시티투어를 비롯해 야간투어, 노을길 여행 등 다양한 투어 프로그램을 운영하고 있다. 특히 혼자라 망설여지는 이른 아침과 늦은 저녁에 여행할 수 있어 더욱 좋다. 저렴한 가격도 매력. 홈페이지(www.suncheon.go.kr)에서 예약하고, 주요 내용과 환불, 취소 사항은 미리 숙지해두자.

- 추천 투어 프로그램 : 시티투어 - 도심권 야간투어, 천문대 별빛 체험, 노을길 여행. 보다 자세한 내용은 p.48에 소개되어 있다.

### 여행tip

**택시 안심 귀가 서비스**

나 홀로 여행객이 가장 주의해야 할 것은 안전. 등산이나 일몰 촬영으로 늦은 시간 버스를 놓쳤다면 택시 안심귀가 서비스를 이용할 수 있다. 해당 어플을 활용하면 탑승시간과 택시 정보, 위치를 보호자에게 문자로 전송해준다.

112 긴급신고 기능과 택시 운전자 보호서비스가 제공되고 이용정보가 탑승객의 휴대폰에 저장되기 때문에 분실물을 찾기도 쉽다.

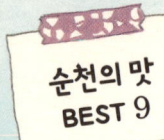

## 순천의 맛 BEST 9

**1**

# 꼬막

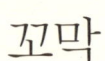

전라남도의 대표 식재료이자 제사상에 오를 정도로 귀한 대접을 받는 꼬막. 순천만과 인접한 여자만의 벌교에서 가장 많이 잡혀 남도 사람들은 꼬막 사러 갈 때 '벌교 사러 간다'고 표현할 정도이다. 순천은 벌교와 가까워 사계절 내내 물 좋은 꼬막을 맛볼 수 있다. 11월부터 3, 4월까지가 꼬막철이라 가장 맛있다. 우리나라에서 잡히는 꼬막은 모두 16종으로 참꼬막, 새꼬막, 피꼬막 등이 있는데 참꼬막과 새꼬막을 많이 먹는다.

백반을 시켜도 늘 올라오는 꼬막은 식당마다 요리법이 달라 김치 맛을 보듯 순천에서는 꼬막 맛을 꼭 봐야 한다. 낙안읍성, 순천만 생태공원 일대의 식당가에서 가장 많이 볼 수 있는 꼬막정식에는 삶은 꼬막, 꼬막초무침, 꼬막조림, 꼬막전, 꼬막탕수육 등 다양한 꼬막요리가 나온다. 꼬막초무침은 정식에서 빠지지 않는데, 같이 나오는 큰대접에 초무침을 넣어 쓱쓱 비비면 꼬막비빔밥 완성! 정식은 대부분 2인 이상이라 나 홀로 여행객이라면 꼬막 비빔밥으로 대신하자.

| | | |
|---|---|---|
| **순천만 일번가** 061-745-2100 | | p.181 |
| **대대선창집** 061-741-3157 | | p.183 |
| **일품식당** 061-742-5799 | | |
| **아름식당** 061-751-7723 | | |

## 2 짱뚱어탕

전라남도 지역의 향토음식. 비빔밥이라면 다들 전주 비빔밥을 떠올리듯, 짱뚱어탕은 역시 순천 짱뚱어탕이다. 순천의 너른 갯벌에서 잡은 짱뚱어를 넣고 된장과 고추, 무청시래기, 토란대를 넣어 끓인 다음 마늘과 생강, 초피가루를 넣어 한번 더 끓여낸다. 짱뚱어를 통째로 넣기도 하지만, 대부분 추어탕처럼 갈아서 넣기 때문에 편하게 먹을 수 있다. 깊고 구수한 맛으로, 특유의 흙냄새가 나는 집도 있지만 여행객이 많이 찾기 때문에 무난한 맛으로 끓여낸다. 짱뚱어를 구이로 내놓는 곳도 있다. 시내보다는 순천만 생태공원 입구의 식당가에서 더 쉽게 맛볼 수 있다.

**순천만 정문식당** 061-746-8200 p.182
**대대선창집** 061-741-3157 p.183
**동백식당 욕보할매집** 061-742-8304
**한일관** 061-724-1100

## 3 곱창골목

중앙시장 안쪽 좁은 골목에 30년 이상된 곱창집들이 옹기종기 모여 있다. 순천 사람들에게 물어보면 "어느 집을 가도 다 맛있다"고 할 정도로 맛을 보장하는 골목이다. 넉넉한 냄비에 당면과 야채를 푸짐하게 올려 끓여내는 칼칼한 곱창전골은 1인 7,000원이다. 저렴한 가격에 푸짐한 곱창전골을 맛보려면 중앙시장으로 가자. 문화의거리와 가까워 도심을 돌아본 다음 들러도 좋다.

**성일식당** 061-752-7376
**전원식당** 061-752-7197
**우정식당** 061-752-5434
**솔밭식당** 061-752-6103

#### 4
# 순천 돼지국밥

가격 대비 최고의 음식. 특히 웃장 돼지국밥 골목은 60여 년의 전통을 자랑한다. 보통 곱창을 주재료로 하는 것과 달리 순천 국밥은 삶은 돼지머리 살코기를 사용해 깔끔하고, 콩나물과 부추, 양파와 고추를 넣어 시원한 맛이다. 해장국으로도 좋다.

삶은 고기를 수북히 올린 국밥집들이 길게 늘어선 웃장 돼지국밥 골목에서는 모두 한 그릇에 6,000원이다. 2인분 이상 주문하면 수육 한 접시가 서비스로 나와 여행자들을 행복하게 만든다. 양도 푸짐하고 맛도 좋아 수육을 먹기 위해 오는 이들도 많다.

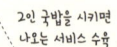

2인 국밥을 시키면 나오는 서비스 수육

| 제일식당 | 061-753-4655 | p.117 |
| 순흥식당 | 061-752-9506 | p.114 |
| 괴목국밥 | 061-753-4124 | |
| 건봉국밥 | 061-752-0900 | p.104 |

##  아랫장표 '전'

전국에서 가장 큰 5일장인 아랫장의 대표 먹거리는 단연 '전'이다. 버섯전, 고추전, 명태전, 명태머리전 등 명절 때나 먹을 법한 다양한 전들을 즉석에서 부쳐낸다. 순천만에서 잡히는 칠게는 통째로 바싹 튀겨 고소한 맛이고, 조개, 홍합, 꼬막 등 풍부한 패류를 넣은 부침개도 저렴한 가격에 즐길 수 있어 인기이다. 전 종류에 따라 2~5천원으로, 막걸리와 함께 먹어도 1만원 정도면 된다. 1만원의 행복을 맛보러 아랫장에 들러보자. 동천 반대쪽, 아랫장 정문과 가까운 건물 안에 모여 있어 쉽게 찾을 수 있다.

## 떡갈비

순천의 떡갈비는 갈비살을 곱게 다져 만들기 때문에 연하고 부드러워 인기가 높다. 떡갈비는 담양, 해남, 장흥, 강진 등지에서 시작된 남도 요리로, 인절미를 치듯이 쳐서 만든다고 하여 떡갈비라 한다. 순천의 경우 돼지 떡갈비, 소고기 떡갈비(한우 떡갈비)가 있고, 조계산 선암사 근처에는 염소 떡갈비도 있을 정도로 순천 대표 음식이다.

| | | |
|---|---|---|
| **일품매돈** 061-752-3535 | | p.107 |
| **금빈회관** 061-744-5553 | | |
| **가빈** 061-721-6987 | | |
| **정락회관** 061-744-6369 | | |

## 7
# 마늘통닭

전라남도에서 볼 수 있는 독특한 치킨 메뉴. 튀김옷을 묻힌 통닭에 국내산 생마늘을 즉석에서 다져서 골고루 발라준다. 순천에는 마늘통닭 원조를 자부하는 가게들이 여럿이다. 시민들 사이에서 인기를 끌다가 최근에는 여행객들 사이에서도 입소문을 탔다. 마늘통닭을 맛보러 오는 여행객들도 있을 정도. 주문하면 소금과 치킨무, 투명한 일회용 도시락에 양배추 샐러드까지 챙겨준다.

| | |
|---|---|
| **거봉통닭** 061-753-6977 | p.111 |
| **풍미통닭** 061-744-7041 | |

## 8
# 무화과

순천의 특산물 중 하나. 드라마 《응답하라 1994》에서 순천이 고향인 '해태'가 어머니가 보내준 무화과잼을 받고 모정을 느끼는 장면이 나온다. 전라남도에서는 감나무처럼 쉽게 볼 수 있는 것이 바로 무화과이다. 일교차가 커지는 9월 말~10월이면 순천의 시장과 명승지 입구에서 저렴한 가격에 달콤한 맛의 무화과를 양껏 맛볼 수 있다. 수확 후 5일 이내에 먹어야 하고, 오래 두고 먹으려면 냉동 보관한다. 선물용이라면 여행 마지막 날 구입하고, 쉽게 무르니 무거운 것에 눌리지 않도록 하자.

## 9
# 산채정식과 비빔밥

조계산 송광사와 선암사에 간다면 반드시 맛볼 수밖에 없는 음식이 바로 산채정식과 산채비빔밥이다. 순천의 산나물로 차려내는 밥상은 푸짐하고 맛도 좋다. 산행 전후에 먹을 때 고기보다 더 달고 기운을 북돋운다. 동동주를 곁들이면 금상첨화! 송광사 입구의 식당들은 계곡을 따라 야외 평상을 준비해 두어 볕이 좋은 날이면 야외 자리를 추천한다. 여름이라면 산과 계곡에서 불어오는 시원한 바람을 맞으며, 가을에는 단풍나무 아래 신선이 부럽지 않은 식사를 즐길 수 있다.

| | |
|---|---|
| **송광사 길상식당** 061-755-2173 | p.219 |
| **승주면 길상식당** 061-754-5599 | p.218 |
| **벌교식당** 061-755-2305 | p.219 |
| **수정식당** 061-753-7100 | |

**순천 간식 BEST 5**

① 화월당
**볼 카스테라와 찹쌀떡**

② 순천만 갈대 축제에서 맛볼 수 있는
**갈대 아이스크림**

④ 시장 먹거리
**도넛, 고로케, 만두, 떡볶이**

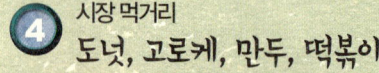

③ 사찰에서 맛보는 디저트
**연잎 초코파이,
백련 아이스크림**

⑤ 빈티지 먹거리(드라마세트장 매점)
**쫀드기**

## 마음을 담은 선물

### 순천 풍경을 담은 엽서
순천만 정원 기념품관

### 도예품
쟁이놀이터,
순천만 정원 기념품관

### 가죽소품
소뇨

### 칠보 악세서리 뮤제이옹

### 순천의 차
야생차체험관
(모후실에서 만난)

### 사찰에서 만난 선물
송광사

만다라 손수건

아기자기한 고무신

### 순천만 함초 소금, 함초 환

## 순천 문학 여행

# 김승옥 《무진기행》

- 순천만 생태공원, 순천만 문학관 '김승옥관'

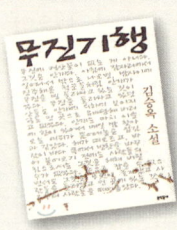

순천은 소설가 김승옥이 대학교에 진학하기 전까지 살던 도시이다. 순천을 모델로 한 무진霧津을 배경으로 한 단편 소설 〈무진기행〉은 1964년에 발표되었다.

소설의 주인공 '나'는 회사의 복잡한 일을 뒤로 하고 고향인 순천에 며칠 쉬러 내려온다. 고향에서 가장 출세한 중학교 동창 세무서장과 음악선생 하인숙을 만나게 되고, 하인숙과 짧은 사랑을 나눈다. 그러나 아내의 전보를 받고 하인숙에게 쓴 사랑의 편지를 찢어 버리고 3일만에 무진을 떠난다. 도피와 비현실의 공간인 고향 무진에서 현실의 세계인 서울로 돌아옴으로써 현실과 타협하며 사는 현대인의 모습을 담아낸 이 소설은 1960년대 작품으로 여겨지지 않을 만큼 현대인의 모습을 잘 드러내고 있다고 평가받는다.

소설의 배경은 순천만 연안 대대포 앞바다와 갯벌 등이다. 작가는 무진을 이렇게 묘사하고 있다.

"밤 사이에 진주해 온 적군들처럼 안개가 무진을 뺑 둘러싸고 있는 것이었다. 무진을 둘러싸고 있던 산들도 안개에 의하여 보이지 않는 먼 곳으로 유배당해 버리고 없었다. ……안개, 무진의 안개, 무진의 아침에 사람들이 만나는 안개, 사람들로 하여금 해를 바람을 간절히 부르게 하는 무진의 안개, 그

것이 무진의 명산물이 아닐 수 있을까!"

실제 순천은 안개가 자욱한 도시는 아니지만, 이른 새벽 순천만의 어스름한 공기를 마시며 소설 속 주인공이 되어 산책을 해보자. 순천만 생태공원 인근은 소설의 영향으로, '무진길'이라는 지명이 붙었다.

## 곽재구의 《포구기행》

● 순천만 생태공원, 화포해변 거차뻘배마을

곽재구 시인이 2002년에 발표한 첫 번째 여행 산문집이다. 해가 뜨고 지는 전국의 포구 마을을 여행한 이야기로, 순천만(현재의 생태공원 일대), 화포해변, 거차마을의 풍경이 아름답게 묘사되어 있다.

## 《길귀신의 노래》

● 와온해변 일대 (와온 마을, 와온포구), 선암사

2013년에 출간된 곽재구 시인의 산문집이다. 시인이 순천대학교 교수로 재직하며 순천만 바다에서 위안을 얻은 이야기가 담겨있다. 와온에서 만난 사람들, 와온의 풍경, 박완서 작가와 함께 왔던 이야기, 별량면의 욕쟁이 할머니가 하는 식당 등 순천만과 여자만 일대의 작은 포구 마을에 관한 애정으로 가득하다.

특히 시인이 직접 1번, 2번 이름을 붙여준 와온포구의 가로등 18와와 10개의 계단이 인상적이다. 시인은 16번 가로등과 그 아래 계단이 가장 마음에 들어 자신의 것으로 삼고, 지인들로부터 나머지를 분양하라는 청까지 받고 있다. 시인을 따라 와온포구 주황색 불빛 가로등 아래를 거닐어 보자. 시인에 따르면 와온의 바다가 가장 아름다운 시간은, 달빛으로 온통 눈부신 꽃밭이 되는 만월 때라고 한다.

## 추억이 되는 체험

**낙안읍성 민속체험**
낙안읍성 내 p.151

**야생차 체험**

선암사
야생차 체험관
p.222

**갯벌 체험**  거차마을 p.178

**공방 체험**  문화의거리 p.100

흥겨운 순천

## 순천만 갈대축제

reeds.suncheon.go.kr

순천을 대표하는 축제로, 매년 10월 중순경 순천만 정원과 순천만, 동천 일대에서 열린다. 자연의 보고인 순천만과 사람이 어우러지는 축제로, 다양한 기획행사와 학술 심포지엄, 음악회, 가요제 등과 공연도 다양하다.
순천만 생태공원에서 진행되는 여러 행사는 큰 인기인데 해설사와 함께 하는 새벽투어, 순천만 힐링 투어, 작가와 함께하는 문학기행은 바로 마감될 정도이다. 사진작가와 함께 하는 생태체험 등 다양한 행사가 있으니 미리 준비해 참여해 보자. 행사장을 도는 셔틀버스는 홈페이지에서 확인할 수 있다.

## 이것만 있다면 여행 준비 끝!

### 숙박

순천의 게스트하우스들은 대부분 도미토리 형태로 운영된다. 4인실 이상이 많아 2인실이나 가족실을 원한다면 민박, 펜션, 유스호스텔, 호텔을 찾아보자. 낙안읍성 내에는 초가집을 깔끔하게 고친 민박이 많다. 초가집 민박은 단독 욕실이 있는지, 와이파이가 가능한지 확인할 것.

### '온누리' 자전거 bike.suncheon.go.kr

순천시는 무인 자전거 시스템 '온누리'를 운영하고 있다. 덕분에 순천시민 뿐아니라 여행객들도 자전거 여행을 할 수 있다. 대여한 자전거는 전용 거치대에 주차하고 반납 확인을 꼭 하자. 반납확인이 안 되면 추가 요금이 부과될 수 있고 분실에 따른 요금이 발생할 수 있다.

- 운영 : 365일 언제나
- 이용 : 만15세 이상으로 자전거 운전이 가능한 사람
- 요금 : 1주일 2000원, 1일 1,000원
  연속 3시간 이상 사용 불가하나, 터미널에 반납 후 재사용 가능.
- 여행객 이용법 : 키오스크 메뉴에서 '자전거 대여' 선택 → 휴대폰 인증 → 대여할 자전거 보관대 번호 선택 → 선택한 자전거 보관대에서 대여버튼 클릭(1분 경과시 대여 취소) → 이용 후 보관대에 거치

### 순천의 계절 특징

여름 – 순천만 일대와 낙안읍성은 그늘이 없다. 양산과 모자, 선크림과 생수는 필수!
겨울 – 좀처럼 영하로 떨어지지 않고 따뜻해서 눈 풍경을 보기는 쉽지 않다. 순천만 일대는 겨울 바람이 매서우니 옷을 단단히 챙겨 입자.

### 추천 자전거 여행지

**동천 라이딩** : 봄꽃이 흐드러지는 동천변은 자전거 도로가 잘 정비되어 있어 라이딩에 최적이다. 순천역에서 자전거를 대여해 조곡동 인근의 동천을 달리는 코스를 추천한다. 조곡동 사무소 근처에 자전거 전용 거치대가 있다.

**순천만 라이딩** : 가을녘이나 갈대가 푸르게 피어오를 때 자전거를 타고 순천만을 달려보자. 생태공원 시내버스 정류장 근처 무인 자전거 거치대에서 빌릴 수 있다. 생태공원 내에서는 자전거를 탈 수 없지만, 인근의 논밭과 순천만 문학관을 돌아볼 때 편리하다. 단, 근처에 거치대가 없으므로 보관에 주의해야 한다.

### 대중교통 이용 tip

**버스** bis.sc.go.kr/internet

순천역과 순천종합버스터미널에 주요 여행지를 경유하는 버스가 정차한다. 여행지에 따라 배차시간이 길고 버스 안내서비스가 없는 경우도 있으니, 어플을 다운받거나 순천시 버스정보시스템을 이용한다.

순천역과 순천종합버스터미널은 버스로 5분 정도 소요된다. 짐이 많다면 역과 정류장 내 물품보관함을 이용할 수 있다.

이 책에는 주요 여행지 마다 '찾아가기'에 버스 노선을 상세히 소개해 두었으니 참고하자.

**택시**

도심은 기본요금 2,800원. 도심 외곽은 복합지역 요금(약 4,000원)이 적용된다. 도심과 떨어진 여행지는 승용차나 시티투어를 이용하는 것이 좋다. 시외 지역을 여행할 때는 택시 기사에게 예상 요금을 미리 물어보자. 콜택시는 114에 문의해 해당 읍·면을 말하고 택시회사 전화번호를 물으면 된다. 낙안읍성권 택시는 '낙안택시', 화포해변 인근은 '별량택시' 등이다. 읍면을 말하지 않으면 도심 지역 택시회사로 연결이 된다. 이 경우 도심에서 택시가 출발해 요금이 많이 나올 수도 있다. 콜비는 회사에 따라 다르다.

## 순천 시티투어

순천의 명소를 모두 둘러보고 싶다면 시티투어를 추천한다. 순천시는 5개의 시티투어 코스를 운영하고 있다. 저렴한 가격에 순천 곳곳을 최대한 많이 둘러보고 싶을 때 안성맞춤이다.

- 기간 : 연중, 화요일~일요일까지 코스별로 다르다.
- 출발 및 도착 장소 : 팔마체육관(순천역 경유 약 20분 차이)
- 출발 및 마감 시간 : 코스별로 09:30~17:30
- 예약 : 관광순천 홈페이지(www.suncheon.go.kr/yeyak) 혹은 전화로 사전예약. 뉴삼우관광 061)742-5200, 관광안내소 061)749-3107, 5504
- 요금 : 7,000~16,000원. 예약 후 48시간 이내(061-749-4221)
- 꼭 알아둬야 할 사항
  운행코스는 날씨, 계절별, 축제 시기별로 변경될 수 있다. 여행자 보험은 미포함되어 있으며 식사비 또한 별도. 이용요금은 탑승료와 관광지 입장료를 포함한다. 당일 지급되는 시티투어 관광통행증 분실시 5,000원의 추가 요금 발생. 사전 예약제로, 자리가 남았을 경우 순천역 출발시간에 맞춰서 현장 신청도 가능하다. 취소는 온라인 예약 취소 또는 전화로 한다. 취소 수수료 외에 인터넷 뱅킹 수수료 500원을 제한다.

### ① 꽃 나들이 가는 선암사 코스

순천의 대표 명소인 낙안읍성과 함께 선암사를 둘러보는 코스. 매화가 피는 이른 봄과 겹벚꽃으로 물드는 늦은 봄, 은행잎으로 노랗게 덮이는 가을이 특히 좋다.

> 순천역 출발 → 드라마촬영장 → 낙안읍성 → 뿌리깊은나무 박물관
> → 선암사 → 야생차 체험관 → 순천역 도착

운행 : 수, 금, 일(신정, 추석, 설연휴 제외) ● 출발 및 도착 : 09:30~17:30(팔마체육관 09:10) ● 식사 : 자유식으로, 식사와 간식은 개인 부담 ● 요금 : 어른 16,000원 청소년 12,300원 어린이 7,900원

### ② 명승지의 고즈넉함을 거니는 송광사 코스
우리나라를 대표하는 사찰 송광사와 낙안읍성을 함께 둘러보는 코스. 사계절 어느 때라도 좋다.

> 순천역 → 드라마촬영장 → 낙안읍성 → 뿌리깊은나무 박물관
> → 송광사 → 불일암 → 순천역

운행 : 화, 목, 토(신정, 추석, 설연휴 제외) ● 출발 및 도착 : 09:30(팔마체육관 09:10)~17:30 ● 식사 : 자유식으로, 식사와 간식은 개인 부담 ● 요금 : 어른 13,800원 청소년 9,600원 어린이 5,600원

### ③ 멋과 맛이 있는 시내투어
순천 대표 음식인 돼지국밥을 맛보고, 벽화마을과 선교사마을, 순천만과 순천만 정원까지 둘러볼 수 있다.

> 순천역 → 드라마촬영장 → 남제동 벽화거리 → 기독교 역사박물관
> → 웃장(점심) → 순천만 정원 → 순천만 → 순천역

운행 : 화~금요일(신정, 추석, 설연휴 제외)-출발 및 도착 : 10:00~17:30 ● 식사 : 자유식 ● 요금 : 어른 13,500원 청소년 10,500원 어린이 5,800원

### ④ 도심 속의 숲을 거닐고 싶다면 주말 시내투어

도심의 봉화산 둘레길(죽도봉 청춘테크길)을 포함하는 코스. 순천만 생태공원과 순천만 정원을 돌아보며 자연 속에서 힐링하고 싶은 이들에게 추천한다.

> 순천역 → 드라마 촬영장 → 남제동 벽화거리 → 봉화산 둘레길
> → 아랫장(점심) → 순천만 정원 → 순천만 → 순천역

운행 및 정원 : 토~일요일(신정, 추석, 설연휴 제외), 40명 정원 ● 출발 및 도착 : 10:00(팔마체육관 09:40)~17:30 ● 식사 : 자유식 ● 요금 : 어른 13,500원 청소년 10,500원 어린이 5,800원

### ⑤ 달빛 아래 순천 걷기, 야간 도심문화탐방 투어

어스름한 저녁 무렵부터 별이 총총 뜰 때까지 도심과 천문대에서 별을 관찰하는 코스. 문화의거리에서 순천 야경을 보고, 순천만 천문대 별관찰을 할 수 있다.

> 순천역 → 의료원 로터리 → 문화의거리 → 순천만 천문대 → 순천역

운행 및 정원 : 금~일요일 단, 관광주간, 갈대축제 기간은 매일 운행(월요일 제외), 40명 ● 출발 및 도착 : 순천역 18:30~순천역 22:0 ● 요금 : 어른 7,000원 청소년 5,500원 어린이 3,500원

## 'YOUCAR'로 순천 누비기

www.youcar.co.kr

코레일에서 운영하는 렌터카 서비스로, 순천역에서 이용 가능하다. 일반 렌터카보다 가격이 저렴하고, 순천역에서 차량을 인도, 반납할 수 있어 편리하다. 순천은 도심과 외곽을 연결하는 대중교통이 비교적 잘 되어있지만 면적이 넓어 1시간 30분~2시간 가까이 소요되는 곳도 있다. 유카(you car)로 좀더 효율적으로 순천 여행을 즐겨보자. 유카 회원에는 다양한 특전이 제공된다. 단, 차량이 많지 않으므로 미리 예약해 두어야 한다.

### 유카 이용방법

1. 홈페이지에서 회원 가입하면, 10일 이내에 유카 멤버십 카드가 지정 주소로 배송된다. 홈페이지에 유카 회원번호를 등록한다.

2. 홈페이지 또는 모바일 어플을 통해 날짜와 지역, 차종, 대여장소를 검색해 예약한다. 예약하려면 회원 본인의 면허증번호와 카드 번호를 입력해야 한다.

3. 대여 금액을 확인 후 예약을 완료하면 SMS로 내용을 발송해준다.

4. 무인 시스템으로, 순천역 주차장의 유카존에서 해당 차량 번호를 확인하고 운전자측 앞 유리에 부착된 RF카드 리더기에 발급받은 멤버십 카드를 대면 차량 문이 열린다.

5. 지정 시간까지 유카존 주차장에 차량을 반납하고, 멤버십 카드로 도어를 닫는다. 반납 확인은 핸드폰 문자로 보내온다.

### 유의사항

1. 유카는 멤버십에 한해 사용가능하며, 멤버십 카드로 차량 문을 여닫기 때문에 잊지 말고 챙겨야 한다.

2. 차를 여닫을 때 차량 앞 유리창 왼쪽에 부착된 유카 사인에 카드를 대면 초록불이 들어오면서 열고 닫힌다. 차량키는 핸들에 부착되어 있고, 시동을 끄고 내릴 때는 빼놓으면 된다.

3. 주유는 차량 안쪽에 부착된 RF카드에 꽂혀진 유카 카드로 결제한다. 유류비는 차량 반납 후 총 주행거리를 계산해 자동 정산되며, 주행거리와 유류비 등 상세내용은 문자로 발송해 준다.

4. 총 결제금액은 대여요금+유류비+패널티 요금으로 차량 반납 완료 후 문자로 내용을 전송해준다. 결재는 입력한 카드로 자동 청구된다.

5. 무인시스템으로, 차를 대여할 때 외부 점검 후 이상이 있으면 파손신고 후 이용한다.

### 동천따라 빈티지 도심으로의 여행
# 순천 도심

순천만 정원, 남제골 벽화마을, 공마당 달빛마을,
순천향교, 동천, 죽도봉공원, 철도 문화마을,
선교사마을, 순천드라마세트장, 순천왜성

# 순천 도심여행

순천 지도를 펼쳐보면 생각보다 넓어 조금 놀라게 된다. 그러나 산지가 70퍼센트로 전라도에서 가장 산이 많고, 논과 갯벌이 넓어 막상 도심은 동쪽으로 좁게 형성되어 있다. 순천 도심여행의 시작은 역시 순천역이다. 전라선과 경전선이 지나는 중심역으로, 서울과 전라도, 경상도 어디서든 기차로 올 수 있는 최적의 도시이며, 도심 가운데 역이 위치해 있다. 2013년 순천만 정원박람회 이후에는 순천 도심을 찾는 여행객이 많이 늘어났다. 도심은 옛 순천읍성이 있던 구시가와 조례호수공원 인근의 신시가로 나뉜다.

순천은 소도시의 정겨운 마을과 향교, 재래시장, 드라마 세트장 등이 있어 빈티지 여행의 최적 코스이다. 또한 일제강점기 당시의 근대가옥과 관사, 선교사 주택 등 100년 전 근대유적들이 많이 남아있다. 오랜 소도시의 골목을 따라 순천 사람들의 삶의 공간을 걸어보는 것도 색다른 여행의 즐거움을 준다.

여행tip

① 순천향교, 공마당 둘레길, 문화의거리, 웃장, 아랫장, 중앙시장, 선교사마을 등은 도보로 이동이 가능하다.

② 철도마을과 죽도봉은 봉화산 둘레길과 연계하여 도심 트레킹 코스로 좋다.

③ 순천역, 청암대학 정류장은 순천만과 낙안읍성 등 외곽 여행지로 가는 버스의 주요 정류장이다. 도심과 순천만, 낙안읍성 등을 연계하여 여행코스를 짜 보자.

## 어떻게 갈까?

◆ 서울→순천

### 고속버스
① 서울 센트럴터미널(호남선)→순천고속버스터미널
첫차 06:10 | 막차 23:55 | 3시간 50분 소요
우등 28,600원 | 일반 19,300원 | 1일 25회 운행

| 출발 시간표 | | | | |
|---|---|---|---|---|
| 06:10 | 09:20 | 11:40 | 15:40 | 19:10 |
| 06:40 | 10:00 | 12:20 | 16:20 | 20:20 |
| 07:20 | 10:30 | 13:00 | 17:00 | 22:10 |
| 08:00 | 11:00 | 14:20 | 17:50 | 23:10 |
| 08:40 | 11:40 | 15:00 | 18:20 | 23:55 |

자세한 문의는 1544-5551 02-6282-0114

② 동서울종합터미널(www.ti21.co.kr)→순천종합버스터미널
첫차 07:20 | 막차 18:10 | 4시간 20분 소요
우등 21,300원 | 1일 8회 운행

| 출발 시간표 | | | |
|---|---|---|---|
| 07:20 | 10:00 | 14:00 | 16:50 |
| 08:40 | 11:20 | 15:30 | 18:10 |

자세한 문의는 1544-5551 02-6282-0601

### 기차
① 용산역→순천역
첫차 05:20(KTX) | 막차 22:45(무궁화)
KTX 3시간 2분 소요 | 운임 43,000원 | 1일 9회 운행

| 출발 시간표 | | |
|---|---|---|
| 05:20 | 10:55 | 16:50 |
| 06:37 | 13:50 | 19:20 |
| 08:20 | 15:20 | 21:15 |

무궁화 4시간 36분 소요 | 운임 25,400원 | 1일 10회 운행

| 출발 시간표 | | | | |
|---|---|---|---|---|
| 06:30 | 09:15 | 12:45 | 16:28 | 21:25 |
| 09:05 | 11:15 | 15:15 | 19:28 | 22:45 |

새마을 4시간 14분 소요 | 운임 37,800원 | 1일 2회

| 출발 시간표 | |
|---|---|
| 08:35 | 18:15 |

### ◆ 부산 → 순천

① 부산 노포동 → 순천종합버스터미널
첫차 07:30 | 막차 21:00 | 2시간 30분 소요
우등 18,200원 | 일반 12,400원 | 1일 8회 운행

| 출발 시간표 | | | |
|---|---|---|---|
| 07:30(일반) | 11:00 | 15:00(일반) | 19:30 |
| 09:00 | 13:00 | 17:00 | 21:00 |

② 부산 사상터미널 → 순천종합버스터미널
첫차 07:00 | 막차 21:30 | 2시간 40분 소요
일반 11,700원 | 1일 18회 운행

| 출발 시간표 | | |
|---|---|---|
| 07:00(광,동) | 11:40(동) | 17:05 |
| 08:30(광,동) | 12:50(광,동) | 18:20(동) |
| 09:00(광,동) | 13:45(동) | 19:00(광) |
| 09:45 | 14:20 | 20:30(광,동) |
| 10:18 | 14:50(광,동) | 21:30 |
| 10:45(광) | 16:20(광) | |
| 11:35(광) | 16:55(동) | |

※ 경유지 (광)-광양, (동)-동광양

**기차**
s트레인 3시간 8분 소요 | 운임 19,500원
08:03 출발 | 1일 1회

### ◆ 대구 → 순천

① 동대구 → 순천종합버스터미널(서대구 경유)
첫차 07:30 | 막차 19:30 | 3시간 소요
우등 20,000원 | 1일 4회 운행

| 출발 시간표 | | | |
|---|---|---|---|
| 07:30 | 11:30 | 15:30 | 19:30 |

② 서대구(서부정류장) → 순천종합버스터미널
첫차 08:00 | 막차 19:00 | 3시간 소요
일반 15,600원 | 1일 7회 운행

| 출발 시간표 | | | |
|---|---|---|---|
| 08:00 | 11:50 | 16:10 | 19:00 |
| 10:20 | 14:20 | 17:30 | |

※ 광양, 동광양 경유.

### ◆ 수원 → 순천

고속버스 http://www.suwonterminal.co.kr
첫차 06:30 막차 18:30 | 3시간 45분 소요
일반 19,200원 | 1일 5회 운행

| 출발 시간표 | | |
|---|---|---|
| 06:30 | 12:30 | 18:30 |
| 09:30 | 15:30 | |

**기차**
새마을 3시간 40분 소요 | 운임 34,100원
1일 2회 운행
무궁화 4시간~4시간 20분 소요 | 운임 22,900원
1일 10회 운행

| 출발 시간표 | | |
|---|---|---|
| 07:04(무) | 11:45(무) | 18:45(새) |
| 09:05(새) | 13:16(무) | 20:02(무) |
| 09:36(무) | 15:48(무) | 21:58(무) |
| 09:43(무) | 17:01(무) | 23:15(무) |

### ◆ 진주 → 순천

**기차**
무궁화 1시간 26분 소요 | 운임 4,900원

| 출발 시간표 | | |
|---|---|---|
| 08:31 | 12:56 | 21:15 |
| 09:49(새마을) | 15:19 | |

## 빈티지 여행 1일 코스

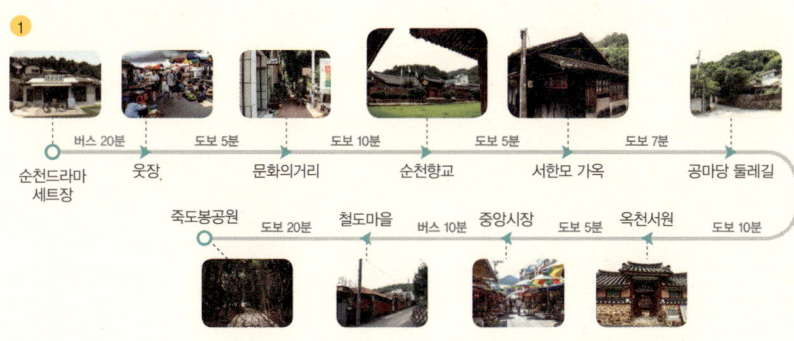

① 순천드라마세트장 — 버스 20분 — 웃장 — 도보 5분 — 문화의거리 — 도보 10분 — 순천향교 — 도보 5분 — 서한모 가옥 — 도보 7분 — 공마당 둘레길 — 죽도봉공원 — 도보 20분 — 철도마을 — 버스 10분 — 중앙시장 — 도보 5분 — 옥천서원 — 도보 10분

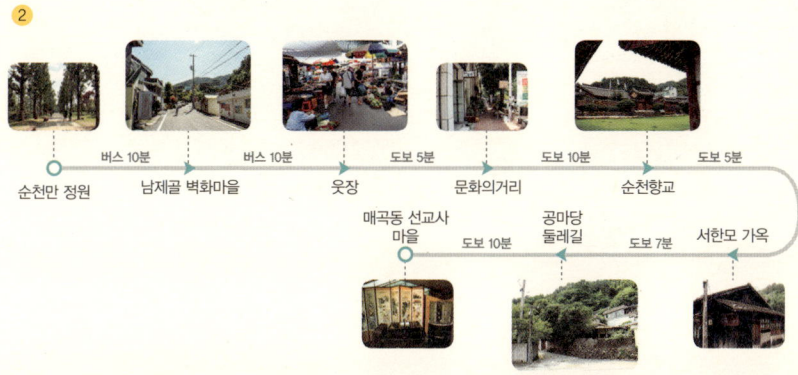

② 순천만 정원 — 버스 10분 — 남제골 벽화마을 — 버스 10분 — 웃장 — 도보 5분 — 문화의거리 — 도보 10분 — 순천향교 — 도보 5분 — 매곡동 선교사 마을 — 도보 10분 — 공마당 둘레길 — 도보 7분 — 서한모 가옥

③ 순천만 정원 — 버스 10분 — 남제골 벽화마을 — 버스 20분 — 동천 — 버스 10분 — 죽도봉 공원 — 도보 20분 — 철도마을

**꽃과 새가 춤을 추는 곳**
# 순천만 정원 www.scgardens.or.kr

사계절 내내 아름다운 꽃과 나무가 어우러져 어느 때라도 좋은 곳이다. 봄이면 백합, 작약, 유자꽃 등 여리여리한 꽃들이 흐드러지게 피고 이어 장미와 수국이 만발하면 어느덧 여름이 찾아온다. 싱그런 여름 꽃과 녹음이 가득한 정원에 가을바람이 불어오면 숲길은 곱게 물들어 간다. 겨울이면 갈대 사이로 부는 바람소리가 도시를 울린다.

순천만 정원은 2013 순천만 정원박람회 개최 이후 순천에서 꼭 가봐야 할 여행지로 자리 잡았다. 자연 그대로의 정원으로 만들어 지속 가능한 생태공간으로 사랑받고 있다.

순천시 남승룡로 66 ● 1577-2013 ● 4~5월, 9~10월 매표 08:30~17:00 관람 09:00~18:00, 6~8월 매표 08:30~18:00 관람 09:00~20:00, 11~3월 매표 08:30~16:00 관람 09:00~17:00 ● 1일 어른 4,000원 청소년·군인 3,000원 어린이 2,000원 순천만 자연생태공원과 통합티켓 어른 8,000원 어린이 4,000원 ● 연중무휴 ● 체험학습센터에서 체험 있음 ● 주차 가능

통합티켓으로
순천만 정원과
순천만 생태공원까지
돌아볼 수 있다

고속열차
'스카이큐브'
정원↔순천만 운행

도심과 가깝고 순천만과 이어지는 거대한 정원은 수목원 구역과 습지센터 구역, 세계정원구역, 습지구역, 참여 정원으로 나뉘어진다.

정원의 출입구는 동문과 서문이 있는데, 동문 쪽이 볼거리가 더 많다. 영국, 네덜란드, 프랑스, 일본, 태국 등 각국의 고유한 정원에는 대표 꽃들이 계절마다 피고, 다양한 모양의 자전거를 타거나 멀리 풍차가 돌아가는 정원 잔디밭에서 일광욕도 즐길 수 있다. 서문 쪽은 오솔길을 따라 거닐 수 있는 수목원 구역과 흑조와 백조, 홍학 등이 한가로이 노니는 습지구역이 있어 좀더 사색적이다.

서문 쪽의 레일 위를 달리는 스카이큐브는 순천만으로 가는 고속열차이다. 높은 곳에서 정원을 내려다보는 것도 즐겁고, 순천만 자연생태공원까지 이동이 가능해 시간을 절약할 수 있다는 점도 좋다. 이용료는 어른, 어린이 일괄 5,000원이다. 순천만 정원은 111.2ha 규모로, 하루로는 시간이 모자란다. 보고 싶은 정원이나 공간을 찾아 코스를 정하고 돌아보는 것이 좋다. 홈페이지(www.scgardens.or.kr)에는 2시간, 3시간, 5시간 코스를 제안하고 있다. 서문과 동문지구 중에서 선택하거나, 각국 정원만 선택해서 돌아본다면 2~3시간 정도 소요된다.

순천만 정원 내에는 음식물이나 음료수 등을 들고 올 수 없다. 정원 내에 식당이 있고, 외부에서 식사를 할 때는 재입장하면서 입장권을 보여주면 된다. 당일에 한해 재입장이 가능하다. 이외 물품대여소 및 보관소, 안내소, 은행 등 필요한 부대시설이 있다.

# 순천만 정원

❖ 어떻게 갈까?

**순천역에서**
- 버스 : 200, 66번을 타고 순천만 정원(상), 순천만 정원(하)정류장 하차
- 택시 : 약 3,500원

**순천종합버스터미널에서**
- 버스 : 200, 101, 66번 버스를 타고 순천만 정원(상), 순천만 정원(하)정류장 하차
- 택시 : 약 5,000원

**서문지구 추천 스팟 ①**

# WWT습지

서쪽지구에 있으며, 순천만 정원에서 가장 아름다우면서도 '자연'스러운 곳이다. 1946년 영국 피터 스콧경이 습지와 습지의 야생조류 보호를 위해 조직한 단체인 WWT(Wildfowl and Wetland Trust)의 조언을 반영하여 만든 습지로, 수생식물과 야생 조류가 자연스레 어우러져 있다. 꽃, 아하하, 구름 등의 조형물 사이로 백조, 흑조가 한가로이 헤엄치는 모습을 보면 온갖 복잡한 생각이 사라지는 듯하다. 이곳에는 별량면 대동마을에서 옮겨온 300년 된 모과나무가 있다. 나무를 옮기러 간 사람들이 혼자 사는 마을 할머니의 생명을 구한 것을 계기로 처음에 이식을 반대하던 마을 사람들이 이식을 허락하였다. 나무 덕분에 할머니의 생명을 구했다하여 '생명의 나무'라 부른다.

**서문 지구 추천 스팟 ②**

## 국제습지센터

WWT습지와 마주한 국제습지센터는 습지의 자연정화 원리와 생물, 세계적인 생태도시들이 전시된 주제관이다. 갯벌을 찾는 철새를 테마로 실내 전시와 야외 생태공원이 있는데, 전시물의 70%가 살아 있는 생물이라는 것이 놀랍다. 영상관에서 순천만의 이야기를 3D드라마로 감상할 수 있다. 야외 생태공원의 물새놀이터에는 호수에서 서식하는 쿠바홍학, 유럽홍학, 칠레홍학, 꼬마홍학 등 다양한 홍학들이 여유롭게 노닐고 있다.

**서문 지구 추천 스팟 ③**

## 수목원 전망지와 숲길

서쪽구역의 한국정원을 지나 산쪽 끝자락에 위치한 수목원은 순천만 정원의 전체 풍광과 동천, 도심까지 모두 조망할 수 있는 전망대 역할을 한다. 습지센터쪽으로 내려오는 길에는 가을 숲길, 남도 숲길, 단풍나무길, 사색의 길 등 다양한 숲길이 잘 조성되어 있다. 숲을 거닐며 여유로운 시간을 보낼 수 있다.

> 서문 지구 추천 스팟 ④

## 한국 정원

돌다리를 건너면 부용지와 부용정으로, 단아하면서도 절제된 아름다움이 멋스러운 전통정원이 나온다. 궁궐의 정원, 군자의 정원, 소망의 정원 세 곳으로 나뉘어져 있다. 궁궐의 정원에는 경복궁 교태전 후원문, 아미산 화계, 왕의 무병장수를 기원하는 불로문과 어수문이 있고 멸종위기 식물인 히어리가 식재되어있다.

군자의 정원에는 학문을 연구하며 은둔을 즐기는 선비의 삶을 낮은 담장과 협문, 연못과 정자 등으로 표현하였다. 소망의 정원은 장독대에 정화수를 떠놓고 가족의 안녕을 빌던 어머니의 마음을 표현하였다.

### 동문 지구 추천 스팟 ①
## 네덜란드 정원

유럽의 정원, 유럽의 꽃밭이라 불리는 네덜란드 정원. 유럽인들은 네덜란드에 꽃이 피면 봄이 왔다는 것을 느낀다고 한다. 유럽의 봄을 느끼려면 튤립과 풍차가 잘 어우러진 네덜란드 정원으로 가보자. 히딩크 감독이 심은 호두나무도 있다.

---

### 동문 지구 추천 스팟 ②
## 태국 정원

다른 국가들의 정원은 재현된 공간이라는 느낌이 드는 반면 태국 정원은 자연스러운 풍경을 자아낸다.
특히 워싱턴 야자와 코코스 야자 등 열대수목이 잔디와 잘 어우러지고, 태국 전통 건축물인 살라타이의 원색이 이국적인 기분을 선사한다.

---

### 동문 지구 추천 스팟 ③
## 프랑스 정원

베르사유 궁전을 모델로 바로크 시대 건축양식으로 표현한 정원이다. 화려하면서도 질서 정연한 베르사유 정원의 아름다움을 느껴볼 수 있다.
카페도 있어 넓은 주변의 잔디밭과 호수가 어우러지는 풍경을 즐길 수 있고, 사진 찍기에도 좋은 포토존이다.

동문 지구 추천 스팟 ④
## 순천호수정원

동문에서 들어오면 가장 눈길을 끄는 곳. 영국의 정원디자이너 찰스 젱스가 순천에 머물며 디자인한 정원으로, 순천의 지형과 물의 흐름에 영감을 얻어 디자인하였다. 정원 중심에 봉화언덕이 있고 난봉 언덕, 인제 언덕, 해룡 언덕, 앵두 언덕, 순천만 언덕까지 6개의 언덕이 호수와 데크로 이어져 있다. 호수는 순천의 도심을, 데크는 동천을 형상화한 것이다. 가장 높은 봉화언덕은 봉화산을 상징하는데, 돌며 걸을 수 있는 길이 나있어 언덕을 오르는 사람들의 모습이 재미있다. 여러 예능 프로그램에도 등장한 곳이다. 자연과 사람의 어울림은 순천만 정원의 수많은 꽃보다 아름답게 보인다.

# 추천 코스

## 사색의 공간 서문권역 : 2~3시간

서문 입구 → 단풍나무길 → 나무도감원 → 한국 정원 → 수목원 전망지 → 편백숲, 가을숲길 → 철쭉정원 → 에코지오 온실 → 순천만 WWT습지 → 순천만 국제습지센터 → 하늘정원 → 서문 출구

## 화려한 공간, 동문권역 : 3~4시간

동문 입구 → 실내정원 → 어린이 정원 → 태국 정원 → 일본 정원 → 터키 정원 → 영국 정원 → 이탈리아 정원 → 스페인 정원 → 메타쉐콰이어길 → 나눔숲 → 네덜란드 정원 → 순천 호수 정원 → 한방체험관 → 중국 정원 → 프랑스 정원 → 갯지렁이 다니는 길 → 야수의 장미정원 → 동문 출구

**동문과 서문 모두 둘러보기 : 4~5시간**

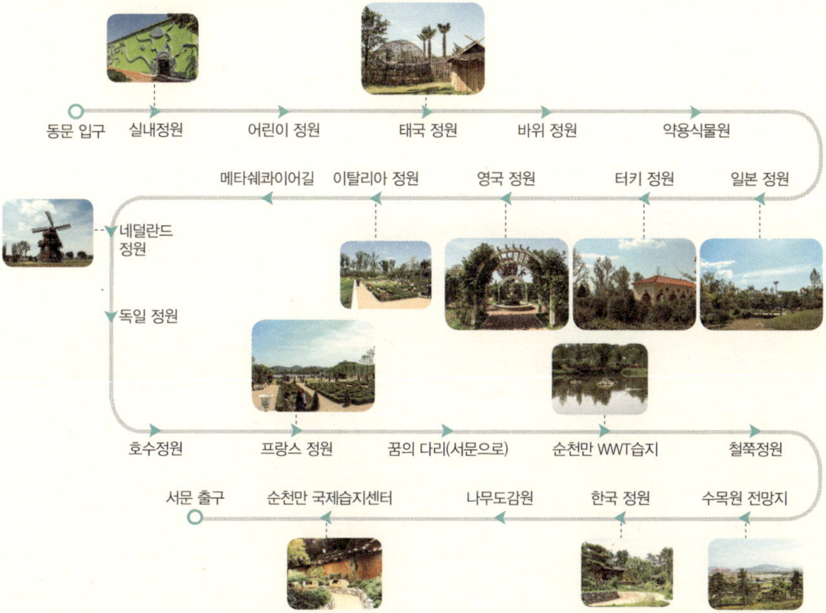

동문 입구 → 실내정원 → 어린이 정원 → 태국 정원 → 바위 정원 → 약용식물원

메타쉐콰이어길 ← 이탈리아 정원 ← 영국 정원 ← 터키 정원 ← 일본 정원

네델란드 정원
↓
독일 정원
↓
호수정원 → 프랑스 정원 → 꿈의 다리(서문으로) → 순천만 WWT습지 → 철쭉정원

서문 출구 ← 순천만 국제습지센터 ← 나무도감원 ← 한국 정원 ← 수목원 전망지

재치 있는 그림으로 가득한
# 남제골 벽화마을

구도심의 평범한 도로를 벗어나 야트막한 언덕길에 예쁜 남제골 마을이 있다. 빛이 좋은 오후, 한가로이 마을길을 걸으며 벽화를 보노라니 연신 웃음이 난다. 외벽의 배수구는 아이의 소중한 피리가 되고, 키가 큰 굴뚝은 기린으로 변신했다. 담장 너머 있을법한 나무가 그려져 있고, 슈퍼맨은 컨테이너 박스를 들고 마을을 지키고 있다.

기와가 멋진 집에는 담배의 위해성을 알리는 그림을 위트있게 그려놓았다. 어린 시절 친구들과 하던 말 타기, 숨바꼭질 풍경을 그려놓아 더욱 향수에 젖어들게 한다.

예전 남제골은 쓰레기가 뒹굴고, 골목은 쉬어갈 만한 곳 하나 없던 곳이었다. 이제는 대학생과 마을 주민, 아이들이 참여한 공공미술 프로젝트를 통해 예쁜 마을로 탈바꿈하였다. 집집마다 예쁜 우체통도 걸려 있어 괜스레 편지를 써 넣고 싶은 마음이 든다. 걷는 이의 마음도 착하게 만드는 남제골 벽화마을에서는 경로당도 새로 짓는 등 여러 가지 프로젝트가 진행되고 있다. 요즘은 찾는 이들이 많아 조용조용 걷는 매너가 필요하다.

순천시 남정동 남제골 벽화마을. 순천고등학교 인근, 순천만 정원과 인접 ● 인근 주차 가능 ● 찾아가기 : 버스 – 순천역에서 52, 63, 64, 67, 88, 200번을 타고 제일대학 정류장 하차. 택시비 약 4,000원 ● 순천종합버스터미널에서 88, 101, 200번을 타고 제일대학 정류장 하차. 택시비 약 3,000원

### 달나라 토끼들이 내려오는 곳
# 공마당 달빛마을

순천시 금곡동 공마당 2길, 순천 향교 뒤편, 공마당 슈퍼 ●인근 주차 가능 ●찾아가기 : 버스–순천역에서 52, 71, 72, 59, 77번을 타고 중앙시장 정류장 하차 후 도보 이동. 택시비 약 5,500원 ●순천종합버스터미널에서 52, 59, 71, 77, 100, 99, 14번을 타고 중앙시장 정류장 하차 후 도보 이동. 택시비 약 5,000원

공마당 둘레길의 달빛마을은 순천의 숨은 명소다. 향동 청수골이라 불리던 순천 향교 뒤편의 마을로, 뒷산 난봉산에서 내려오는 물이 맑아 조선시대까지 청수리, 청수마을로 불렸다. 난봉산을 따라 옹기종기 집들이 모여 있고 마을 외곽을 따라 길이 나 있는데, 재미난 벽화를 그리고 꽃을 심고, 산 정상에 오르는 계단길도 정리하는 등 마을을 가꿔왔다. 2013년 5월 공마을 둘레길로 명명하고, 둘레길 코스를 만들어 소리 없이 많은 이들이 찾는 곳이 되었다.

마을 입구에는 효자나무라 불리는 잣나무가 서 있다. 어머니가 쉴 그늘을 위해 아들이 심었다고 해서 효자나무라 한다. 마을 곳곳에는 '달빛마을'과 잘 어울리는 달과 토끼의 그림

이 그려져 있고, 둘레길 표지판도 앙증맞게 자리해 있다. 난봉산 전망대에 오르면 도심과 멀리 순천만까지 전경이 시원하게 펼쳐진다. 밤이면 가장 가까이에서 달빛을 만끽할 수 있다. 전망대로 오르는 계단길에는 위트 있는 응원을 보내는 그림이 곳곳에 있어 웃음이 난다.

'공마당'은 공을 차는 마당이라는 뜻으로, 선교사들이 이곳에 매산학교를 세우고 근대 체육을 처음 보급한 것에서 유래한다. 순천 향교의 소유로 오랫동안 빈터로 남아있다가 순천 청년회가 1923년 운동장을 만들고 축구와 정구, 야구 경기 등의 근대 체육활동이 이뤄지면서 '공마당'으로 불리고 있다.

**묵향 가득한 곳**
# 순천 향교

순천 향교로 가는 길은 소박하면서도 어여쁘다. 욕심 부린 높은 건물 하나 없고, 낮은 담벼락에는 능소화가 붉게 물들고 어르신들이 나누는 소소한 이야기 소리가 편안하게 들린다. 마을에서 가장 높은 언덕에 오르면 순천 향교가 눈에 들어온다.

문을 열면 몸가짐을 돌아봐야할 듯 고요하면서도 정갈한 공간이 펼쳐진다. 대성전을 중심으로 동무와 서무가 좌우 대칭을 이루고, 동재와 서재, 명륜당이 남아 있다. 제사 공간인 대성전이 뒤쪽에, 교육공간인 명륜당이 앞쪽에 있는 전학후묘 양식을 따르고 있다. 명륜당 앞에는 약 150년 된 은행나무가 있고, 우측에 약 100년 된 괴목과 비석이 늘어서 있어 유생들의 굳건한 심지를 보여주는 듯하다. 대성전과 명륜당 내부는 평소에 비공개이다.

마루에 앉아 옛 유생들이 공부도 하고 마당에서 놀던 모습을 상상해 보며 쉬어 가자. 남원향교와 더불어 전라도 최대 규모의 순천 향교는 순천의 정치, 교육, 문화를 주도하던 곳이다. 태종 7년(1407)에 건립되어 여러 번 이전 끝에 1801년 순조 원년 지금의 위치에 자리했다. 동천의 범람으로 인해 여러 번 이전한 것으로 추측한다. 봄과 가을에 제를 올리고 매월 1일과 15일에 분향한다. 또한 인성교육, 한복입기 체험, 서예교육, 다례 실습 등의 단체 체험이 가능하고 전통혼례를 치르기도 한다.

순천시 향교길 60. 문화의거리와 공마당 둘레길 사이 ● 061-753-3479 ● 09:~18:00 ● 무료 입장 ● 연중무휴 ● 단체체험가능(선비 서예교육, 전통혼례, 다례실습 등) ● 주차 불가 찾아가기 : 버스-순천역에서 52, 71, 72, 59, 77번을 타고 중앙시장 정류장 하차 후 도보 이동. 택시비 약 5,500원 ● 순천종합버스터미널에서 52, 59, 71, 77, 100, 99, 14번을 타고 중앙시장 정류장 하차 후 도보 이동. 택시비 약 5,000원

### 물길을 따라 만나는
# 옥천서원

중앙시장 옆 어여쁜 하천 인근에 작지만 기품 있게 자리한 옥천서원. 무오사화 때 유배된 김굉필을 기리는 곳으로, 경현당이라 하였다. 이후 순천부사를 지낸 김계의 상소로 선조 1년 전라도 최초로 '옥천'이라는 사액을 받았다. 정유재란 때 전소되었다가 1604년에 다시 지었다. 조선 말 흥선대원군의 서원 철폐령에 의해 다시 없어졌다가 1928년 유림들이 재건해 지금에 이르고 있다. 경현문과 집의당, 내삼문, 옥천사, 묘정비가 있고, 바로 옆에는 김굉필과 조위의 비각인 임청대가 있다.

순천시 옥천동 옥천서원, 향동 주민센터 인근 ● 인근 주차 가능 ● 찾아가기 : 버스-순천역에서 52, 71, 72, 59, 77번을 타고 중앙시장 정류장 하차 후 도보 이동). 택시비 약 5,500원 ● 순천종합버스터미널 출발-52, 59, 71, 77, 100, 99, 14번 (중앙시장 정류장 하차 후 도보 이동) 택시비 약 5,000원

## 임청대

조선 연산군 때 무오사화에 휘말린 조위가 순천에 유배되었을 때 옥천의 돌을 하나씩 쌓아 축대를 만들고 '임청대(臨淸臺)'라 하였다. 1년 후 순천에 유배온 김굉필은 조위와 친분이 깊어 함께 이곳에서 어울렸다. 두 사람이 죽은 지 60년 후 명종 때 순천부사 이정이 두 사람을 기리며 시석을 세우고, 임청대를 중심으로 서원을 세우면서 이황에게 '임청대' 친필을 받았다. 본래의 자리는 약 30m 떨어진 곳에 있었으나 1971년에 현재의 자리로 옮겼다. '임청'이란 항상 마음을 깨끗하게 가지라는 뜻으로, 조위가 지었다.

조위와 김굉필이 친교를 나누던 곳.

## 마주 보고 있는 일본식 주택
# 서한모 가옥

향교 근처 알록달록한 시멘트벽 주택가를 거닐다 보면 지붕 경사와 기와의 모양이 남다른, 검은빛 주택 몇 채가 마주한 골목에 이른다. '읍영주택'이라 불리는 이곳의 정확한 이름은 순천 옥천동 서한모 가옥이다. 주민들에게 '일본식 가옥'을 물어보면 알려준다. 서한모 가옥은 철도마을과 함께 순천의 대표적인 근대문화유산이다. 1935년에 지어진 일본식 연립주택으로, 현재 12채가 남아 있다. 모서리에 추녀가 없고, 용마루까지 측면 벽이 삼각형을 이룬 단조로운 박공지붕으로, 측면의 부섭지붕과 널빤지를 이용한 일본식 판벽이 원형 상태로 잘 보존되어 있다. 내부는 한국식 생활에 맞게 자연스럽게 변형되었다. 짧은 골목이지만 우리의 아픈 역사를 확인할 수 있는 곳이다. 주민들의 거주지로 함부로 문을 열거나 길가에서 큰소리로 이야기하는 것은 피하자.

순천시 옥천동, 현대아파트 뒷길 ● 주차 불가 ● 찾아가기 : 버스-순천역에서 52, 71, 72, 59, 77번을 타고 중앙시장 정류장 하차 후 도보 이동. 택시비 약 5,500원 ● 순천종합버스터미널에서 52, 59, 71, 77, 100, 99, 14번을 타고 중앙시장 정류장 하차 후 도보 이동. 택시비 약 5,000원

맛과 멋이 어우러지는
# 문화의거리

예술의 향기를 듬뿍 느낄 수 있는 문화의거리는 은행나무가 서로 마주한 거리이다. 순천향교, 순천부읍성, 임청대, 근대 선교사마을로 이어지는 입구이자 예술인들의 작업실과 공방이 자리하고 있다. 화랑과 갤러리, 공방과 작업실에서는 다양한 분야의 예술작품과 골동품을 만날 수 있고, 야외에서는 공연과 영화상영 등 문화예술축제가 열리기도 한다. 유난히 넓은 인도에는 수령 500년의 팽나무와 은행나무가 서 있고 곳곳에 벤치가 있어 쉬어가기에도 좋다. 순천을 대표하는 맛집과 카페들이 있고, 토요일 오후에는 프리마켓이 열려 소소한 즐거움을 느낄 수 있다.

순천시 행동, 순천청소년 수련관, 중앙시장 인근●일부 주차 가능●찾아가기 : 버스 - 순천역에서 52, 71, 72, 59, 77번을 타고 중앙시장 정류장 하차 후 도보 이동. 택시비 약 5,500원●순천종합버스터미널에서 52, 59, 71, 77, 100, 99, 14번을 타고 중앙시장 정류장 하차 후 도보 이동. 택시비 약 5,000원

## 순천의 500년을 걷다

# 행동 골목길 탐험

행동은 순천읍성의 구도심 중심 상권과 인접한 주거지역으로, 과거 순천의 부자 동네로 꼽혔다. 동쪽으로는 중앙시장과 원도심이, 서쪽으로는 난봉산이 있어 순천 향교와 공마당 달빛 마을이 이어진다. 북쪽으로는 선교사 마을과 웃장으로 연결되며 남쪽으로는 영동과 옥천 지역으로 이어진다.
문화의거리에서 행동으로 이어지는 행동 길은 순천읍성의 서문과 북문을 연결하던 길이다. 100년 전만 해도 순천은 읍성이 있어 동서남북 성문을 중심으로 길들이 뻗어있었다. 약 500년이 넘은 이 길을 따라 시간여행을 떠나보자. 지도가 없어도 안내표지판을 따라 걸으면 문화의거리 은행나무 길로 되돌아온다.

### 행동 골목길 이름과 주소

**서문 성곽 골목**
금곡길 30~금곡길 42

**행금목욕탕 뒤안길**
행금길 18-1~행금길 24

**한옥글방 옆 골목**
금곡길 28~금곡길 26-27

**장미아파트 후문 골목**
행금길 6-11~행금길 6-41
(장미아파트는 과거 김사천집이라 불린 부잣집 터 위에 1980년대에 지어진 순천 최초의 아파트다.)

**텃밭 골목**
**옛 이화약국안집 골목**
행중길 8~행중길 32

**옛 객사뒷길**
행중길 3~중앙로 125

## 순천 시장에서 놀아보자

**푸짐한 국밥이 가득한 시장**

# 웃장

순천을 대표하는 음식 중 하나가 '국밥'이다. 웃장 국밥 골목은 여행객들 사이에서 핫하게 떠오르고 있다. 웃장은 100년의 역사를 가진 순천 북부시장을 일컫는다. 30년 전통을 자랑하는 국밥집들은 돼지 머리고기와 콩나물, 야채를 넣은 푸짐한 국밥을 내놓는데, 콩나물을 넣어 다른 지방보다 깔끔한 맛을 자랑한다. 두 그릇 이상 주문하면 서비스로 수육과 순대, 데친 부추가 먼저 나와 여행객들을 행복하게 한다. 초장에 찍어먹는 부추와 순대, 새우젓과 잘 어울리는 수육은 꼭 맛봐야 할 별미이기도 하다. 순천시에서는 매년 9월 8일은 국밥데이(98day)로 지정하였다. 5일, 10일에 5일장이 선다.

순천시 동외동 168-1 ● 061-751-2054 ● 장날 5, 10, 15, 20, 25, 30일 ● 주차 가능 ● 찾아가기 : 버스 - 순천역에서 52, 71, 11, 66, 67, 14번을 타고 웃장 정류장 하차. 약 20분 소요. 택시비 약 4,000원 ● 순천종합버스터미널에서 52, 71, 77 100, 14번을 타고 웃장정류장 하차. 택시비 약 3,500원

### 구도심 여행의 중심
# 중앙시장

순천 구도심 중심가에 위치한 중앙시장. 문화의거리와 패션 거리가 이어지는 길목이자 소소한 먹거리를 맛볼 수 있다. 중앙시장 초입에 순천 대표 빵집 화월당이 있고, 채소와 과일 가게를 지나 튀김과 떡볶이 등 입을 즐겁게 해주는 간식거리가 가득하다. 인근 동천의 수변공간을 아기자기하게 꾸며놓아 봄에는 하천을 따라 걸어도 좋다. 아랫장과는 약간 떨어져 있지만, 웃장과는 가까워 구도심 코스와 연계해 둘러보면 좋다.

순천시 남내동, 문화의거리 맞은편 ● 주차 가능 ● 찾아가기 : 버스 - 순천역에서 52, 71, 72, 59, 77번을 타고 중앙시장 정류장 하차. 약 15분 소요. 택시비 약 4,500원 ● 순천종합버스터미널에서 52, 59, 71, 77, 100, 99, 14번을 타고 중앙시장 정류장 하차. 약 12분 소요. 택시비 약 4,000원

### 순천 최대의 오일장
# 아랫장

중앙시장 아래의 남부시장을 말한다. 순천역과 가까운 풍덕동 동천 인근에서 열리는 5일장으로 전국 5일장 중 최대 규모다. 부지면적도 넓고, 인근의 보성, 구례, 곡성, 화순, 고흥, 광양, 여수 등 전라남도민들과 경남 하동과 진주의 상인, 주민들까지 하루에 2만 여명이 찾는다. 그래서 남부 5일장으로 불리기도 한다. 오일장은 2일과 7일에 열린다. 순천만과 남해안의 수산물과 농산물, 약초와 화초, 공산품이 거래되며 장터에서 국밥과 각종 전, 도너츠 등 간단한 식사와 간식거리가 푸짐하다. 만원으로 전과 막걸리를 맛보며 시골 장날의 흥겨운 분위기를 즐겨보자.

순천시 풍덕동, 종합버스터미널 인근 ● 061-741-3334 ● 주차 가능 ● 찾아가기 : 버스 - 순천역에서 도보로 약 10분 소요. 71, 88, 200번 버스를 타고 아랫장 정류장 하차

### 벚꽃 잎이 물을 따라 흐르는 곳
# 동천

순천역에서 도심으로 들어서다보면 꽤 큰 하천이 흘러 시선을 뺏기게 된다. 여행을 시작할 때는 설레는 마음으로, 돌아오는 길에는 아쉬운 마음으로 돌아보게 되는 강이 바로 동천이다. 순천의 구도심을 훑고 지나가는 이 하천은 순천시 서면 청소리(淸所里)의 송치봉에서 발원하여 동부지역을 지나 남쪽으로 흐른다.
이어 석현천, 옥천, 이사천 등과 만나 순천만에서 바다로 흘러든다. 예부터 순천은 삼산이수(三山二水)의 고장이라 불렸는데, 용당동 인근의 인제산, 봉화산, 황산 세 산을 지칭하는 삼산, 동천과 옥천의 이수를 일컫는다.

과거에는 수질이 나빴지만 지금은 친환경, 자연형 하천 개선사업을 통해 순천만까지 자전거 도로와 산책로가 이어지는 수변공원으로 변모하였다. 주변 둔치에는 벚꽃과 메밀, 해바라기, 유채 등이 계절마다 피어 풍정을 더한다. 동천 구간 중 조곡동 주민센터 근처에서 순천역으로 이어지는 구간을 추천한다. 철길이 놓여있는 작은 건널목 주변 풍경이 낭만적이다. 벚꽃이 화사하게 피는 봄이면 아련한 로맨스 영화가 펼쳐질 것 같다.

순천시 오촌동, 조곡동 주민센터 ● 주차 일부 구간 가능 ● 찾아가기 : 순천역에서 조곡동 주민센터까지 도보 5분 이내. 택시 기본요금

## 순천 도심이 한눈에 보이는
# 죽도봉 공원

최석의 청백리 정신을 기리는 '팔마탑'

동천의 물길을 따라 걷다 고개를 들면 멀리 팔각정이 보인다. 순천의 대표 공원인 죽도봉 공원의 전망대 역할을 하는 강남정이다. 산죽(山竹)과 동백숲이 울창하고 봉우리의 모양이 마치 바다에 떠 있는 섬과 닮았다 하여 '죽도봉'이라 한다. 1975년에 공원으로 조성되었고, 고려시대 지어진 2층 누각인 연자루와 팔마탑, 현충탑, 활터 등의 조형물과 시설이 있다. 강남정에 오르면 순천 시내가 한눈에 들어와 야경 명소로도 유명하다.

연자루는 남문교 옆에 있던 누각이었으나 1979년에 복원하여 현재의 위치로 옮겼다. 말이 뛰어오르는 듯한 팔마탑은 고려 충렬왕 때 순천(당시에는 승평)부사 최석의 청백리 정신을 기려 세운 탑이다. 봄이면 벚꽃과 철쭉이 피어 시민들의 휴식처뿐만 아니라 봄나들이 장소로 사랑받는 죽도봉 공원. 최근에는 청춘 테크길이 조성되어 산책로로 인기이다.

순천시 장명로 30, 장대공원 인근, 철도마을 뒤편 ● 061-749-3209 ● 주차 가능 ● 찾아가기 : 버스-순천역에서 77번을 타고 조곡삼거리 정류장 하차. 택시비 약 4,500원 ● 순천종합버스터미널에서 59, 77번을 타고 금강메트로빌 정류장, 조곡삼거리 정류장 하차. 택시비 약 4,000원

### 일본식 철도 관사가 있는
# 철도문화마을

순천은 전라도와 경상도를 오가는 열차가 모두 정차하는 전라도의 대표 철도도시로, 잘 보존된 철도문화마을이 남아있다. 순천역과 봉화산 사이의 조곡동 철도문화마을은 일제강점기인 1936년에 당시 순천철도사무소(지방철도청에 해당)의 직원을 위한 철도관사가 들어서면서 형성되었다.

주택을 비롯해 마을 중앙에 운동장, 병원, 구락부(클럽), 목욕탕과 수영장 등 복지시설까지 있는 신도시로, 예전에는 순천에서 가장 살고 싶은 마을로 꼽혔다.

철도 관사는 등급기준에 따라 4등 관사에서 8등 관사로 분류되어 있는데, 현재 사철나무로 지어진 4등 관사에서 8등 관사 주택과 승무원 숙소 일부가 남아있다. 한 집에 2가구가 거주할 수 있는 일본식 주택으로, 당시에는 일본인 약 160세대가 살았던 것으로 추정한다. 현재 4등 관사와 공동시설은 대부분 철거되었고, 1960년대 들면서 일반인에게 주택이 불하되면서 지붕 개량과 내부 구조가 바뀐 곳도 있다. 그러나 겹처마 지붕과 창문, 문 등에서 일본식 가옥의 흔적을 확인할 수 있다.

순천시 조곡동 82-165, 카페 기적소리 근처 ● 061-901-3067 ● 인근 주차 가능 ● 찾아가기 : 버스 - 순천종합버스터미널에서 59, 77, 52, 88, 67, 71번을 타고 조곡동주민센터 정류장 또는 중앙초등학교 정류장 하차. 택시비 약 3,000원

일본식 가옥의 특징인
겹처마, 생울타리 등

일제강점기 계획 도시에서 볼 수 있는 전형적인 바둑판 마을 형태로, 홍수에 대비한 치수까지 고려해 조성되었다. 1962년 순천 대홍수 때에도 이 마을은 피해가 없었고, 대피소가 설치되었다고 한다. 6.25 때까지 구락부와 목욕탕이 있었으나 이후 사라지고 지금은 철도공무원 아파트 2동이 들어섰다.
현재 수정아파트 자리는 당시 순천철도사무소 소장의 관사가 있던 곳으로 500평 규모의 2층집에 당구장까지 있었다고 한다. 마을 중심에는 개울이 흐르고 벚나무가 터널을 이루었다고 하나 지금은 복개되어 흔적을 찾을 수 없다. 마을에는 철도청 퇴직자와 직원들이 많이 사는데, 대부분 타향이던 순천에서 50~60년 정도 거주해 이제는 고향이 되었다. 초기 관사에 쳐놓은 생 울타리가 일부 남아 있고, 현관 위에 관사번호가 적혀있는 것도 눈길을 끈다.
장천동과 기관차사무소 인근에도 대용관사 등이 있었으나 조곡동의 집단관사가 그 원형을 가장 잘 유지하고 있다.

# 미국 선교사 마을로 떠나자

구도심의 매곡동에서 이국적 건물과 풍경을 만나 조금은 설레는 마음으로 마을을 돌아 보았다. 미국 남장로교의 남부지역 선교 중심지였던 순천 매곡동 일대에는 당시 활동하던 선교사들의 주택과 학교 건물들이 모여있어 선교사촌이라 불린다. 지금은 선교사 주택을 일부 역사전시관으로도 사용하고 일부 학교 건물은 여전히 교사 건물로 사용하고 있다.

이곳에서 초창기 교회의 역사와 선교활동의 흔적은 물론이고, 미국식 마을 배치도 엿볼 수 있다. 프레스톤 주택, 코잇 주택이 있는 선교사 마을 아래쪽에 학교 건물이 배치되어 있는데, 이는 독립된 영역을 이루는 전형적인 미국식 마을 배치이다. 20채 정도의 학교 건물이 있었으나 지금은 일부가 남아 대부분 교육시설로 사용하고 있다. 사유지라 건물 내부는 볼 수 없지만 일제강점기 선교사들의 생활상을 엿볼 수 있다.

먼 이국 땅에서 교육과 의료봉사에 헌신하던 선교사들의 흔적을 돌아보며 우리의 아픈 역사를 되새겨 보는 시간을 가져보자. 걸어서 마을을 돌아볼 수 있고, 여름에는 물과 선글라스, 모자 등을 준비하는 것이 좋다.

**추천 도보 코스 : 약 1시간 소요**

- 의료원 로터리
- 기독교 선교역사박물관 (조지왓츠기념관)
- 매산중학교 매산관
- 매산여자고등학교 로저스 주택 프레스톤 주택
- 한국의 들꽃과 전설 벽화
- 기독교 역사박물관 (묵상의 숲, 메모리얼 공원)
- 랜드로버 야외전시

## ❖ 어떻게 갈까?

**순천역에서**
- 버스 : 52, 71, 72, 59, 77번을 타고 중앙시장 정류장 하차 후 도보 이동.
- 택시 : 약 5,500원

**순천종합버스터미널에서**
- 버스 : 52, 59, 71, 77, 100, 99, 14번을 타고 중앙시장 정류장 하차 후 도보 이동.
- 택시 : 약 5,000원

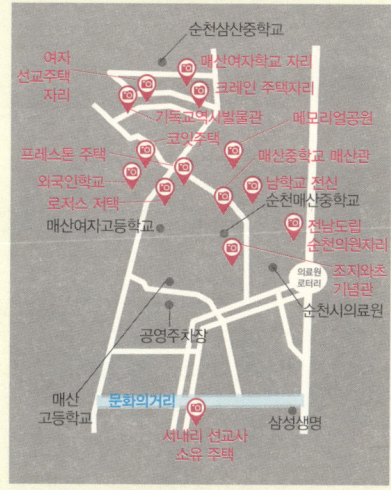

## ① 한국기독교선교역사박물관 조지 왓츠 기념관

선교사 휴 린턴 부부가 결핵 환자를 치료하기 위해 세운 기독교 진료소의 일부를 기념관으로 쓰고 있다. 2004년에 별관 2~3층 공간을 박물관으로 개관하여 구한말부터의 선교 현장을 기록한 사진과 선교 자료를 전시하고 있다. 약 300여점의 사진과 고종황제가 하사한 부채, 성경책, 선교사들의 생활도구 등이 전시되어 있다. 선교사들이 한국을 소개하기 위해 만든 달력은 눈여겨볼 자료이다. 3층에는 린턴 선교사 가족의 거주 공간을 재현해 침대와 부엌도구 등을 두었다. 마당에는 순천에서 활동한 선교사들 기념비와 순교 성도들의 추모비가 서 있다.
1층의 진료소는 현재도 진료가 이뤄지고, 2~3층 기념관은 진료소 운영시간에 맞춰 개방하고 있다. 의료진료소로 이용되는 곳이니 문의 전화는 가능하면 삼가하자.

순천시 매곡동 142-5, 매산중학교 인근 ● 061-752-2074(순천진료소) ● 09:00~18:00(토요일 09:00~12:30) ● 일요일 휴무 ● 주차 불가

### 린턴가(家)

윌리엄 린턴(W.A. Linton, 한국명 안돈, 1891~1960)
조지아 공대를 수석으로 졸업한 수재로, 미국 남장로회 파송선교사로 처음 목포에 발을 디뎠다. 이후 군산 영명학교에서 성경과 영어를 가르쳤고, 전주 신흥학교와 기전여자학교에서 교장을 지냈다. 3.1운동을 미국에 알리기 위해 노력했고, 신흥학교에 재직 중에는 신사참배를 거부하는 등 독립심과 애국정신을 보여준 교육자였다. 일제에 의해 미국으로 추방되었다가 해방 후 한국으로 돌아와 교육·선교활동을 계속하였다. 한국전쟁 중에는 전주에서 성경학교를 운영하였고, 현 한남대학인 대전대학을 세우는 등 생애 마지막까지 한국 사랑을 실천하였다. 병치료로 미국으로 떠나며 마지막 생을 한국에서 마치지 못한 것에 눈물을 보였다고 한다. 그의 네 자녀는 모두 한국에서 나서 고등학교까지 마쳤고, 셋째 휴 린튼 선교사 부부는 1925년 순천기독진료소를 세우고 결핵퇴치사업을 펼쳤다. 부인 로이스 여사는 1994년 은퇴할 때까지 35년간 결핵퇴치 운동을 벌였다. 휴 린튼이 교통사고로 죽자 은퇴 기부금으로 앰뷸런스를 구입하여 순천소방서에 기증하였는데 이것이 한국 119 응급차 운행의 시초라고 한다. 휴 린턴의 자녀들은 유진벨재단을 만들어 북한에 의료지원을 하고 있고, 현재 세브란스 병원 외국인 진료소장을 지내며 대를 이은 한국 사랑을 보여주고 있다.

## ❷ 순천기독교역사박물관

순천 시립 박물관으로, 조선 후기 기독교 전파 과정과 순천의 기독교 발자취를 살펴볼 수 있다. 순천에서 활동하던 선교사들의 생활상을 일부 재현해 두었고, 소실된 여자 선교사 주택, 크레인 주택, 매산 여학교, 알렉산더 병원, 순천읍교회, 전남도립 순천의원의 사진과 모형도 볼 수 있다.

남녀칠세부동석이라는 유교이념을 반영한, ㄱ자 모양의 교회 건물은 남녀가 서로 마주치지 않도록 자리를 배치하고 휘장을 내린 것이 이색적이다. 박물관 야외에는 맨튼윌슨(애양병원 초대 원장)이 타고 다녔던 차량과 동종모델인 1921년식 포드(FORD T-MODE)가 전시되어 있다. 미리 예약을 하거나 해설 시간에 맞춰 가면 설명을 들을 수 있다. 하루 3번, 10시, 14시, 16시에 약 40분 동안 진행된다.

순천시 매산길 61, 문화의 거리 매산여고 인근 ● 061-749-4420 ● 9:00~18:00 ● 무료 입장 ● 일요일과 명절 당일 휴무 ● 주차 가능

### 매산중학교 매산관

순천의 대표적 서양 근대건축물이다. 미국 남장로교에서 선교를 목적으로 지은 왓츠 기념 남학교로, 1930년 외벽에 순천과 옥천지역에서 난 화강암을 박아넣은 석조건물이다. 내장재는 미국에서 수입하였다. 중앙부를 돌출한 박공지붕으로, 2층 지붕창이 독특하다. 현재까지 학교 부속건물로 사용하고 있는데 원형이 잘 보존되어 있다. 건물 내부는 볼 수 없으며, 외관을 둘러볼 때에도 수업에 방해되지 않게 하자.

순천시 매산길23

### 매산 여자고등학교 프레스톤 주택

1913년경 지은 선교사 프레스톤의 사택이다. 화강암 외벽에 우리기와를 얹은 절충식 건물로, 현관을 돌출해 박공 기와지붕을 얹었다. 건물의 폭과 높이가 거의 1:1에 가깝다. 이는 당시 전남도에 지어진 선교사 주택 건축의 한 특징이다. 현재 매산여고 어학실로 사용하고 있다. 매산여고 내 로저스 주택도 이와 비슷하다.

순천시 매산길43

### 5
### 푸른 눈의 여인이 그린 한국의 들꽃과 전설 벽화

기독교역사박물관 인근의 높은 담벼락에 그려진 갤러리 형태의 벽화가 눈길을 끈다. 1912년 한국에 파송된 존 크레인 목사 부인인 플로렌스 여사가 펴낸 '한국의 들꽃과 전설(Flowers and Folk-Lore from far Korea)'에서 발췌한 그림들이다.

플로렌스 여사는 선교활동의 일환으로 매산학교에서 산업미술을 가르쳤는데, 우리나라 들꽃을 매우 좋아해 틈틈이 야외로 나가 들꽃을 스케치하고 노인들로부터 꽃에 얽힌 전설을 채집하여 1931년에 책으로 정리하였다고 한다.

### 옛 순천선교부 외국인 어린이 학교

선교사 자녀들을 위해 1910년 지은 지하 1층, 지상 1층 규모의 성경학교이다. 선교사 마을의 집들이 대부분 석조로 지어진 것과 달리 회색 벽돌로 지었다. 현관이 돌출된 정면부와 벽돌 쌓기 등 조형적 아름다움을 인정받고 있다.

순천시 공마당길 53

### 코잇주택

선교사 코잇(Coit, Rovert Thronwell)이 살던 주택으로, 1913년 지하 1층, 지상 2층으로 지었다. 외관은 인근에서 채석한 석재를 사용한 것으로, 원형이 잘 보존되어 있다. 현재 복지시설에서 사용하고 있다.

※ 코잇주택과 외국인 어린이학교는 사유지로 접근이 어렵다.

순천시 매곡동 166-3

#### 1950~60년대의 소도시를 재현한
# 순천 드라마 세트장

정확한 명칭은 '순천 소도읍 드라마 세트장'으로 흔히 '순천 드라마 세트장', 혹은 '순천 오픈세트장'이라 부른다. 군부대가 이전한 시유지에 1950~60년대 소도시 읍내 풍경과 1960~70년대 도심을 재현해 놓았다. 크게 순천읍, 서울 달동네, 서울 변두리 구역으로 나뉘는데, 순천읍은 옥천 냇가와 인근의 읍내 풍경과 한식당 등을 고증을 거쳐 세트로 만들었다.

여행객이 가장 많이 찾는 곳은 서울 달동네 세트장. 1960년대 중반 고단한 서민들의 동네를 그대로 재현하여 영화와 드라마, 예능프로그램까지 촬영하였다. 드라마 세트장 입구에서 바로 이어지는 서울 변두리 구역은 1980년대 서울의 극장, 미용실, 문구점, 식당, 병원 등을 재현해 놓았다. 청춘들은 영화나 드라마 주인공이 된 듯한 기분을 만끽하고 중년 여행자들은 옛 추억을 더듬는 곳이다. 드라마 〈사랑과 야망〉은 달동네부터 서울 번화가까지 전 세트장에서 촬영하였다.

드라마 〈제빵왕 김탁구〉에서 어린 탁구가 서성이던 장소도 이곳에서 만날 수 있다. 드라마나 영화 등에 나온 건물 앞에는 촬영지임을 알리는 안내판도 있다.
세트장이라 언제든지 모습이 바뀌고, 드라마나 영화촬영이 있을 때면 일부 세트는 관람이 어렵다. 세트장의 유일한 매점인 '꾸루와 꾸미'에는 추억이 방울방울 떠오르는 과자들과 사탕, 공갈빵 등을 판다.

### 대표 촬영 작품

영화 : 〈늑대소년〉, 〈마파도2〉, 〈님은 먼곳에〉, 〈그해 여름〉, 〈전라의 시〉, 〈강남 1970〉, 〈허삼관〉 등
드라마 : 〈사랑과 야망〉, 〈서울1945〉, 〈에덴의 동쪽〉, 〈자이언트〉, 〈제빵왕 김탁구〉, 〈애정만만세〉, 〈복희누나〉, 〈빛과 그림자〉 등

순천시 조례동 22번지 일원 ● 061-749-4003 ● 09:00~18:00 ● 입장료 어른 3,000원 어린이 1,000원 연중무휴
* 주차 가능 ● 찾아가기 : 버스 - 순천역, 종합버스터미널에서 77, 99-1, 777번을 타고 드라마촬영장 정류장 하차. 택시비 약 6,000원

### 순천 도심여행의 핫 스팟
# 조례호수공원

호수 도서관과
음악분수도 있어요!

'조례지' 저수지를 중심으로 조성된 공원이다. 인근에 신도심이 생기면서 호수공원이 조성되고 각종 프랜차이즈 레스토랑과 카페, 술집과 맛집들이 들어서 있다. 순천에서 가장 핫한 곳으로, 데이트와 모임 장소로 애용된다. 전망 좋은 호수 도서관과 국내 최대 규모의 음악분수가 있어 시민들도 즐겨찾는다. 세련된 카페와 레스토랑에서 식사를 하며 호수공원을 둘러보는 것도 좋겠다. 분수쇼는 3~11월 낮과 밤에 수 차례 진행된다. 매월 둘째 주 토요일에는 프리마켓인 '리플리 마켓'이 열려 빈티지 의류, 과일청, 향초, 액세서리, 음료, 타로점 등의 부스가 운영되고 거리 공연도 이어진다.

순천시 조례동, 광주지방법원 순천지원 인근 ● 주차 가능 ● 찾아가기 : 버스 - 순천역에서 59, 56번을 타고 조례시영아파트 정류장, 법원 검찰청 앞 정류장 하차. 택시비 약 6,000원 ● 순천종합버스터미널에서 59, 56, 101번을 타고 조례시영아파트 정류장, 법원 검찰청 앞 정류장 하차. 택시비 약 7,000원

이순신 장군의 전쟁터이자 노량해전의 서막

# 순천 왜성

전라도에 남은 유일한 왜성이자 남해안 26왜성 중에서도 유일하다. 왜군은 1597년 9월 경기도 부근의 육전에서 패한 다음 전라도와 경상도 남해안으로 남하하면서 요충지마다 성을 쌓았다. 순천 왜성은 1597년 9월 중순부터 11월 말까지 약 3개월에 걸쳐 고니시 유키나가가 최후 방어기지로 삼기 위해 쌓았다. 그가 이끄는 1만 4천명의 왜병이 이곳에서 약 1년간 주둔하며, 조명수륙연합군과 두 차례 전투가 펼쳐졌다. 명나라 장군 유정(劉綎)과 조선 도원수 권율이 이끄는 육군 3만 6천여 명, 명나라 해군 제독 진린(陳璘)과 충무공 이순신이 이끄는 수군 1만 4천여 명의 병력이 순천 왜성과 장도(노루섬)을 오가며 전투를 치렀다.

이순신은 이 지역에 27일간 머물며 고니시 유키나가를 노량 앞바다로 유인하여 노량해전을 승리로 이끌고 전사하였다. 성곽은 본성과 외성의 구조로, 본성에는 별도의 내성이 있다. 내성과 본성의 성벽은 각각 2겹으로, 외성은 1겹으로 축조되었다. 현재 성곽 내에는 천수기단, 문지, 해자 등이 남아 있다. 본성과 천수기단에 이르면 멀리 광양만과 일대 마을 전망이 펼쳐진다.

순천시 해룡면 신성리 산1 외 ● 061-744-8111 ● 주차 가능 ● 찾아가기 : 버스 - 순천역, 종합버스터미널에서 21, 22번을 타고 왜성 정류장, 신성마을 정류장 하차. 40~45분 소요(터미널에서는 45~50분 정도 소요) ● 택시비 약 17,000원

## 해자

성곽의 본성과 외성 사이에 방어를 위해 바닷물을 유입하여 해자를 만들고, 본성을 요새화하고 다리를 만들어 출입하도록 하였다. 현재는 주변에 공업단지와 농경지가 들어서면서 바닷물이 유입되지 않는다. 일부의 해자는 2007년 순천 왜성 보수사업 때 복원한 것이다.

## 문지

성과 성을 연결하는 주출입문으로, 순천 왜성에는 몇 개의 문지가 남아 있는데 자연석을 불규칙하게 쌓아 석축을 만들고 상단부에 큰 돌을 쌓아 위압감을 주고자 하였다.

## 천수기단

일본 성을 상징하는 천수각이 세워졌던 단이다. 오랜 세월에 석축 일부가 무너졌으나 2007년에 보수하였다. 문지와 마찬가지로 서축은 자연석을 불규칙하게 쌓아 올렸다. 모서리 돌은 쐐기질로 쪼갠 돌을 사용하였는데 현재까지 쐐기질 흔적이 잘 남아 있다.

'문화의거리' 공방 체험해요

물레 돌아가는 곳
# 쟁이노리터

장식으로 두어도 좋을 넓은 접시와 작은 종지, 컵, 풍경 등 모든 도자기 종류들이 가득한 곳. 쟁이노리터는 그릇을 파는 공방이자 체험도 가능한 곳이다. 차 스푼과 수생식물을 키울 수 있는 화병 등 작은 생활소품과 인형과 시계, 편지 꽂이 등 곱게 모양을 낸 장식품도 이곳저곳에 자리잡고 있다. 찬찬히 보니 같은 모양은 하나도 없어 그릇 하나 사고 싶은 마음이 절로 든다. 공방 한 켠에는 작은 손물레가 있어 물레질을 하고, 나만의 컵 만들기 체험도 해볼 수 있다. 체험비를 내면 그릇은 가마에 구워 택배로 보내준다.

순천시 호남길 71, 문화의거리 내 위치 ● 061-751-5187 ● 10:00~18:00 ● 3천원~10만원까지 상품 다양 ● 체험-나만의 머그컵 만들기 10,000원(배송료 별도) ● 일요일 휴무 ● 주차 인근가능

향긋한 천연화장품
# 엄마사랑

문화의거리 '엄마사랑' 공방은 천연화장품을 만들어 판매하는 곳이다. 천연화장품 뿐만 아니라 향초, 방향제, 천연 비누, 비누꽃도 판매하고 있다. 가장 눈길을 끄는 것은 비누꽃이다. 장미와 카네이션의 결 하나하나까지 잘 살려 방향제로도 좋고, 세안할 때 사용할 수 있다.

공방에서는 판매하는 대부분의 상품을 직접 만들어 볼 수 있다. 체험비는 상품금액과 비슷하고, 짧은 시간에 만들 수 있어 여행자들도 도전해 볼 만하다. 단, 공예가가 출강을 할 때는 문을 닫기 때문에 전화 문의 후 방문하는 것이 좋다.

'엄마사랑'에서 만든 천연 모기퇴치제와 벌레물린데 바르는 약, 천연 썬크림 등은 순천만 정원 기념품 숍에서 판매하고 있다. 순천의 뜨거운 햇살 아래 여행하는 이들에게 꼭 필요한 물건들이다.

순천시 영동길 30, 문화의거리 내 위치 ● 061-725-2898 ● 09:00~19:00 ● 5,000원~50,000원 ● 비누 만들기, 비누 꽃만들기, 천연화장품 만들기 ● 일요일 휴무 ● 주차 인근 가능

멋스러운 천연 가죽 소품
## 소뇨

문화의거리에 있는 여러 공방과 소품점 중에서도 가장 눈에 띄는 가죽 공방. 투박한 가죽제품이 아니라 멋스러운 소품들이 많은데, 소녀 같은 가죽공예가가 다양한 색상의 가죽으로 클러치, 핸드백, 카드목걸이, 팔찌 등 액세서리와 생활소품을 만들어 판매하고 있다. 여권케이스와 여행에 알맞은 크로스백은 가지고 싶은 아이템이다.

가죽 소품 중에서 만들고 싶은 것이 있다면 작가에게 문의하고 도전해볼 수 있다. 가게 안에 있는 제품도 가능하고, 원하는 디자인으로 만들어 볼 수도 있다. 바쁜 여행 중에 간단한 가죽 제품을 만들고 싶다면 소요 시간 등을 미리 문의해보자.

순천시 행중길 21, 문화의거리 내 위치 ● 010-2036-1318 ● 13:00~20:00 ● 체험비 10,000원 ● 전화 상담 후 일정 자유롭게 지정 ● 월요일 휴무 ● 주차 인근 가능

화려한 색의
칠보 공예품이
가득~

## 일곱가지 빛깔과 보배
# 뮤제이옹

문화의거리에 자리한 칠보공예 공방이자 쥬얼리숍이다. 칠보공예는 일곱가지 빛깔과 일곱가지 보배라는 뜻으로, 금속 등의 재료 위에 유리를 녹여 붙여 아름다운 색의 물건을 만드는 기법이다. 뮤제이옹은 전통 칠보기법을 현대적 디자인으로 재해석한 작품과 칠보공예 염색, 칠보공예와 천연원석을 조합하여 독창적인 상품을 선보이고 있다.

칠보공예가 낯선 이들도 뮤제이옹에 들어서면 전통 장신구에 마음을 뺏기게 된다. 반지와 목걸이, 귀걸이 등의 액세서리가 많고, 열쇠고리나 촛대 등 생활소품들도 있다. 전시된 작품은 선물용으로도 좋을 듯하다.

일일 체험도 가능해 30분~1시간 정도면 반지나 목걸이, 열쇠고리, 머리핀 등을 만들어 볼 수 있다. 빛깔 예쁜 원석들로 팔찌도 만들 수 있다. 칠보공예가 송난영 씨가 운영하는 공방으로, 출강도 있어 체험을 원한다면 전화 문의 후 찾아가자.

순천시 금곡길 15, 문화의거리 내
● 061-752-9512 ● 11:00~18:00
● 10,000~ ● 나만의 원석 팔찌 만들기 5,000원, 칠보공예품 만들기 8,000원~15,000원 ● 일요일 휴무 ● 주차 인근 가능

# RESTAURANT
## 맛집

### 유명 쉐프의 단골집
## 건봉국밥

여러 매체에 소개되었고, 유명 셰프인 에드워드 권이 단골집으로 소개하면서 더욱 유명해진 국밥집. 아랫장 정문 길건너에 위치해 있어 순천 대표 돼지국밥집이 되었다. 국밥을 주문하면 고기와 밥을 뚝배기에 뜨겁게 데워주는 데 열 번 가량 토렴을 해서 마지막 국물까지 따뜻하게 먹을 수 있다.

뽀얀 국물에 고기를 듬뿍 넣은 국밥과 동그란 스테인리스 쟁반에 반찬도 푸짐하다. 김치는 순천만에서 잡은 새우젓갈이 들어가 감칠맛이 나고, 국밥 한 그릇에도 전라도의 인심과 손맛을 느낄 수 있다.

국내외 여러 단체에 정기후원을 하고 있어 한 끼 식사로 세계 빈민돕기에 동참한다는 기분이다.

순천시 장평로 65, 아랫장 입구 맞은편●061-752-0900●07:00~21:30●국밥 7,000원 순대 4,000원●연중무휴●주차 인근 가능

*주말에는 줄서기 필수!*

푸짐한 정식이
1인분 주문도 가능

### 혼자서도 진수성찬
# 학운정

전라도 특징인 한상 가득 차려지는 밥상은 나홀로 여행자에게 그야말로 그림의 떡인 경우가 많다. 보통 2인 이상 주문이 가능하기 때문이다.

하지만 학운정에서는 1인 주문이 가능하다. 메뉴는 간장게장 정식과 보리비빔밥 두 가지. 알이 꽉 찬 간장게장정식은 밥을 비벼먹을 수 있도록 큰 그릇에 날치알과 김을 넣어준다. 그리고 보리비빔밥에 나물을 모듬으로 곁들여 주어 두 가지 메뉴를 다 맛볼 수 있다.

잡내 없이 익혀낸 돼지고기 수육, 계란찜, 된장찌개, 쫄면, 생선 등 한상 잘 차려진 밥상을 받으면 혼자인 것이 오히려 아쉬울 정도이다. 부족한 반찬은 언제든지 추가해 주고, 수수정과와 식혜도 챙겨주는 등 넉넉한 인심을 느낄 수 있다. 드라마세트장 근처에 있다.

순천시 백연길 46. 드라마세트장 인근 ● 061-722-8678 ● 11:00~21:00 ● 꽃게간장게장정식 15,000원, 산채보리밥 정식 8,000원 ● 연중무휴 ● 주차 가능

**오며가며**
# 옛날 손만두

중앙시장 건너편, 순천향교로 이어지는 옥천길에 동네사람들이 친구 집 드나들 듯하는 식당이 있다. 큰 솥 두개가 걸린 만두가게로, 자전거를 타고 지나가다 먹기도 하고, 아버지와 아들이 함께 만두를 먹고 가기도 한다. 이 풍경을 보는 것만으로도 배가 부르다.

만두는 두 입 베어 물면 딱 좋은 크기로, 고기만두와 김치만두가 있다. 주문하면 금방 솥에 쪄 낸다. 쫄깃하고 두껍지 않은 피에 채소와 고기의 식감이 살아있는 소가 가득해 자꾸 먹어도 또 먹고 싶어지는 맛이다. 8개에 2,500원으로, 반반씩 주문해도 좋다.

만두 외에 김밥과 라면 등 분식류 메뉴도 있다.

순천시 영동 27, 중앙시장 인근 ● 061-753-5505 ● 정오쯤~21:00 ● 고기만두, 김치만두 2,500원 ● 일요일 휴무 ● 주차 인근 가능

---

**밤참으로 딱 좋은**
# 통통왕만두

순천역 앞 로터리 근처에 위치한 통통왕만두는 동네 사람들에게 인기있는 곳이다. 순천역 근처에 있어 늦은 시간 식사할 곳을 찾는 여행자에게 안성맞춤이다.

속이 꽉찬 만두는 3,000원. 만두만으로 허전하다면 시원 칼칼한 해물칼국수도 함께 시켜보자. 기차시간이 급하다면 기차 안에서 간단하게 먹을 수 있도록 포장도 가능하다.

순천시 팔마로 106-1, 순천역 인근 ● 061-741-2257 ● 11:00~24:00 ● 만두 3,000원 해물칼국수 6,000원 ● 연중무휴 ● 주차 불가

'떡갈비 쌈'
맛보세요~

### 정갈한 떡갈비 한상
# 일품매돈

순천에서 꼭 먹어야 할 음식 중 하나가 떡갈비이다. 적당한 가격에 맛있는 떡갈비를 찾는다면 일품매돈으로 가보자. 넓은 실내는 룸과 홀로 나눠지고 좌식과 입식테이블이 있어 가족이나 여럿이서 식사를 하기에도 좋다. 뒤뜰에는 야외 테이블도 멋스럽게 있다.
본래 고깃집이었으나 점심특선으로 선보인 떡갈비가 더욱 유명해졌다. 떡갈비를 주문하면 나물 반찬과 된장찌개, 계란찜이 먼저 나오고 메인인 떡갈비가 나온다.
한우 떡갈비는 15,000원, 고소한 돼지 떡갈비는 10,000원으로, 오후 3시까지 주문이 가능한 점심 메뉴이다. 이후 시간에는 1,000원이 추가된다. 지역 대학을 후원하고, 외국인 친화업소로 선정된 곳이다.

순천시 금곡길 8, 문화의거리 ● 061-752-3535 ● 11:30~22:00 ● 한우떡갈비 15,000원 돼지떡갈비 10,000원 ● 둘째 넷째 월요일 휴무 ● 주차 가능

낙지 탕탕이 비빔밥

### 힘이 장사인 낙지를 품은 한 그릇
## 일품뻘낙지

더위에 지쳤을 때 힘 좋은 낙지로 기운을 북돋아보자. 일품뻘낙지는 종합버스터미널 근처라 순천에 도착했을 때나 떠나기 전 든든한 한 끼 식사를 할 수 있다. 인기메뉴 중 하나는 낙지탕탕이를 넣어 먹는 산낙지 비빔밥이다. 산낙지를 칼로 탕탕 소리가 나도록 내리쳐서 다지듯 자르고 참기름과 양념을 더해 먹는다. 그냥 먹어도 살살 녹는다는 탕탕이를 고슬고슬한 밥에 야채와 계란지단, 김가루를 넣어 비벼 먹는 것도 별미이다. 연포탕도 인기 메뉴이다. 낙지 두 마리를 통째로 넣은 연포탕은 곱게 채 썬 계란지단과 애호박, 아삭하게 다진 파를 고명으로 올려 나온다. 국물이 맑고 시원하면서도 감칠맛이 나서 여름이나 겨울 어느 때 먹어도 속이 든든하다. 연포탕의 낙지는 살짝 익혀 씹는 맛이 좋고, 머리의 내장째 익혀 고소한 맛이 일품이다. 반찬으로 나오는 꼬막찜은 뒷맛이 칼칼하면서도 쫄깃쫄깃해 게장보다 더 맛있는 밥도둑이다.

순천시 장천동 31-22, 순천종합버스터미널 인근 ● 061-741-2151 ● 10:30~22:00 ● 산낙지 비빔밥 20,000원 연포탕 15,000원 ● 명절 휴무 ● 주차 가능

### 학생들의 간식 방앗간
# 소문난 첫번째 집

중앙시장은 구도심 번화가와 가깝고, 근처에 중·고등학교가 모여 있어 학생들이 하교길에 늘 들르는 방앗간 같은 곳이었다. 10여 년 전만 해도 분식을 파는 리어카가 줄지어 있었다고 한다. 지금은 몇몇 분식집이 남아있는데, 떡볶이가 끓는 팬과 튀김 기름솥이 밖으로 나와있어 누구나 오가며 편하게 분식을 즐길 수 있다. 소문난 첫번째 집은 오랜 세월 순천 학생들의 맛집이자 어른이 되어서도 찾는 추억의 분식집이다. 달달한 맛이 강한 떡볶이와 튀김을 함께 먹었을 때 가장 맛있다. 떡볶이를 시키면 몇 가지 튀김을 곁들여 주어 분식집에서도 넉넉한 인심을 느낄 수 있다.

순천시 남례동 111-5번지, 중앙시장 내 위치 ● 10:30~20:30 ● 튀김, 순대, 떡볶이 3,000원 ● 월요일 휴무 ● 주차 불가

### 든든한 아침식사
## 정원식당

순천역 근처에는 역전시장과 게스트하우스들이 밀집해 있어 이른 아침 시장 상인들이 즐겨 찾는 백반집들이 많다. 그 중 정원식당은 여행자들의 아침을 책임져 줄 맛집으로 추천할 만한 곳이다.
역전광장 이 골목 저 골목 돌아다니다가 찾아낸 정원식당은 20년된 백반집이다. 음식 솜씨 좋은 아주머니는 전주에서 식당을 하다가 고향 순천에 내려와 이곳에 자리잡았다고 한다. 아침상이지만 한상 가득 차려 내오고, 홀로 식사를 하는 손님에게도 다정한 말을 건네며 신경써준다.
백반에는 찌개 한 종류와 생선구이, 여러 종류의 반찬이 나오는데, 하나씩 맛보다보면 금세 밥 한 그릇을 비울 정도로 모두 맛있다.

순천시 역전광장3길 3, 순천역 인근 ● 061-753-0577 ● 06:00~21:00 ● 백반 7,000원 ● 연중무휴 ● 주차 불가

---

속이 꽉찬
크레페 핫도그~
천원이요~

### 중앙시장의 대표 간식
## 크레페 핫도그

중앙시장의 노점에서 맛볼 수 있는 크레페 핫도그. 호일에 쌓인 크레페 핫도그는 중앙시장 대표 간식이다. 넓은 팬에 얇게 반죽을 두르고 익을 때쯤 아삭한 양배추채를 듬뿍 올리고 마요네즈, 케첩, 머스터드로 간을 한 다음 후랑크 소시지를 넣어 돌돌 말아 낸다. 가격은 놀랍게도 1,000원. 아삭한 양배추와 부드러운 크레페가 잘 어울린다. 양도 넉넉해 출출한 오후 간식으로 좋다.

순천시 남례동 중앙시장 ● 09:00~20:00 ● 핫도그 1,000원 ● 연중무휴 ● 주차 불가

**마늘통닭의 원조**
# 거봉통닭

전라남도 숨은 별미로 꼽히는 마늘통닭. 통째로 튀겨낸 후라이드 치킨에 다진 마늘을 듬뿍 발라 먹는 요리다. 순천의 여러 마늘치킨집 중에서도 원조격인 거봉통닭은 주인 할머니가 국산 마늘을 직접 까고 다져내는 곳으로 유명하다. 마늘은 치킨의 양면에 모두 발라 먹는데, 과하다 싶을 정도로 마늘양이 많아 처음에는 놀랄지도 모른다. 그러나 마늘이 뜨거운 치킨 열기에 익어 생 마늘 향이 없고 기름기 없는 깔끔한 맛을 맛있게 즐길 수 있다.

배달은 하지 않고, 매장에 테이블이 있어 맛볼 수 있다. 일회용 용기 대신 호일과 비닐봉투에 아무지게 포장해 줘 여행길에 먹을 수도 있다. 비정기적으로 쉬기 때문에 전화로 미리 확인하자.

순천시 동외동 93, 중앙시장과 패션거리 근처 ● 061-753-6977 ● 16:00~24:30 ● 후라이드 치킨 15,000원 마늘치킨 17,000원 ● 비정기 휴무 ● 주차 불가

### 혼자서도 든든히 먹을 수 있는 고등어쌈밥
# 양지쌈밥

매콤짭쪼롬한 고등어 조림을 쌈에 싸 먹어요~

순천에서도 아는 사람만 간다는 쌈밥집 가운데 여행자들에게도 사랑받는 맛집으로 떠오른 곳이다. 다양하고 푸짐한 쌈채소와 양념장, 반찬과 밥, 국이 차려지는 쌈밥 메뉴 중에서 정어리쌈밥과 고등어쌈밥이 가장 유명하다. 고등어쌈밥은 1인도 주문이 가능해 혼자서도 전라도의 푸짐한 밥상을 즐길 수 있다.

잘 말린 배추 시래기와 부드러운 무, 삼삼하게 간이 된 고등어가 매콤 짬쪼름한 양념장과 어우러지는 고등어조림은 사계절 어느 때나 맛볼 수 있어서 가장 인기이다. 무심한 듯 부족한 반찬을 알아서 챙겨주는 털털함이 매력적인 곳으로, 점심시간에는 줄을 서야 한다. 문화의거리 주택가와 공방이 이어지는 골목에 있다.

순천시 영동길 49 문화의거리 ● 061-752-9936 ● 10:30~21:00 ● 고등어쌈밥 7,000원 정어리쌈밥 7,000원 ● 일요일 휴무 ● 주차 가능

### 유럽식 브런치를 즐기고 싶다면
# 맥킨지하우스

조례호수공원이 있는 신도심에 프랜차이즈 식당과 카페가 즐비한 가운데서도 개성을 지키는 브런치 카페이다. 건물 3층에 위치해 통유리로 된 실내와 야외 테라스가 전망이 좋다. 호수공원을 전망 삼아 한 낮의 브런치를 즐기거나 늦은 밤 가볍게 맥주를 마시기에도 좋다.

버거와 파스타 등의 식사메뉴와 함께 브런치 메뉴가 가장 인기이다. 블랙퍼스트 메뉴와 오믈렛은 순천 시민들 사이에 맛좋고 푸짐하기로 소문났다. 특히 쉬림프 베이컨 오믈렛은 주재료인 새우와 베이컨, 볶은 채소와 치즈가 들어간다. 치즈의 부드러움과 재료의 고소함이 포만감을 준다.

순천시 왕지4길 14-18, 조례호수공원 인근 ● 061-721-3327 ● 10:00~20:00 ● 블랙퍼스트 메뉴 11,900원~15,200원 ● 연중무휴 ● 주차 가능

### 푸짐한 돼지 머리고기를 듬뿍
# 순흥식당

웃장 돼지국밥골목에 위치한 순흥식당은 20년이 넘은, 순천 사람들이 즐겨찾는 돼지국밥 집이다. 가게에 내걸린 솥에서 이른 아침부터 늦은 밤까지 돼지 머릿고기를 삶아낸다. 돼지 머릿고기와 순대, 국밥이 주요 메뉴로, 정갈하면서도 시골 식당에 들어온 듯 정감있는 분위기이다. 국밥은 토렴식으로, 돼지 머릿고기에 콩나물을 푸짐하게 올리고 파와 고추, 마늘과 양념장을 넣어 칼칼하면서도 시원한 맛이다.
양념된 새우젓은 고기 맛을 한층 더 살려주고 새콤하게 익은 김치와 감칠맛나는 깍두기는 국밥과 찰떡궁합이다. 웃장 돼지국밥골목의 다른 집과 마찬가지로 2인 이상 주문 시 서비스 고기가 나온다.

순천시 북문길 40, 웃장 돼지국밥골목 내 위치●061-752-9506●06:00~20:00●돼지국밥 6,000원●연중무휴●주차 인근 가능

순천 대표 맛집
## 동경낙지

문화의거리에 위치한 동경낙지는 먹자골목으로 꽤 알려진 이 거리에서도 대표 맛집으로 꼽히는 곳이다. 동경낙지의 메뉴는 낙지전골 하나뿐. 자리에 앉으면 주문할 필요도 없이 반찬이 나오고, 전골냄비가 테이블에 올려진다. 부추와 버섯이 올라간 뽀얀 전골 국물에 고개를 갸웃할 때쯤, 끓기 시작하면서 밑에 있던 양념과 잘 어울려 붉은색 낙지전골이 된다. 다 끓어 국물이 자작해지면 양푼이에 나온 밥 위에 한국자 떠서 쓱쓱 비벼 먹는다. 이때, 테이블에 위에 놓인 김가루를 듬뿍 뿌리면 더욱 맛있다.
낙지비빔밥의 매콤한 맛을 깔끔하게 해주는 물김치도 별미이다. 물김치 국물이 진국인데, 양이 많아 더 놀랍다. 같이 나오는 전과 반찬도 깔끔하고 맛있다. 식당 입구 쪽에 테이블이 놓인 방이 있고, 안쪽으로 두 개의 방이 더 있지만 늘 사람들로 가득하다. 주차는 문화의거리 초입에 있는, 여러 식당들이 함께 사용하는 공용 주차장을 이용하면 된다.

순천시 행동 91-1, 문화의거리 중간 ● 061-755-4910 ● 10:30~21:30 ● 낙지전골 1인분 9,000원 ● 주차 가능

## 막걸리와 찰떡궁합
# 아랫장 전집

기름냄새 솔솔~ 맛있는 해물전이 가득!

전라남도 최고, 최대의 시장인 아랫장의 인기 간식은 단연 전이다. 언제나 고소한 기름 냄새로 전골목에서 막걸리와 전을 나눠먹는 모습을 보노라면 어린 시절 엄마 손을 잡고 구경하던 시장의 풍경이 눈앞에 펼쳐지는 것 같다. 해물전, 산적, 고추전, 버섯전, 명태전 등 명절 때나 맛보는 전들이 쉴틈 없이 기름 팬 위에서 지져진다. 아랫장 전집에서 꼭 먹어봐야 할 별미는 '명태머리전'이다. 명태머리를 잘 두드려 편 후 달걀반죽과 파, 고추 등을 곁들여서 부쳐내는데 고소한 맛이 일품이다. 어두육미를 즐기는 이들에게 추천한다. 단, 가시를 주의하자. 다른 별미는 게튀김이다. 순천만 일대에서 잡히는 엄지손톱만 한 칠게를 통째로 튀겨내 먹다보면 자꾸만 손이 간다. 아이들 간식으로도 좋다.

순천시 풍덕동 아랫장 내 위치 ● 9:00~20:00 ● 명태 머리전 3,000원 고추전 5,000원 칠게튀김 5,000원 ● 연중무휴 ● 시장 주차장 이용

---

## 당면과 야채가 넉넉한
# 곱창골목

중앙시장과 구도심 인근에 30년 전통의 곱창집들이 모여 있는 골목이다. 신도심 개발로 상권이 이동하면서 예전만 못하지만 여전히 순천 사람들이 많이 찾는다. 지금은 5곳이 이 골목을 지키고 있는데, "어느 집에 가도 맛있다"는 것이 순천 사람들의 평이다. 가게 이름은 다르지만 1인 7,000원 가격에 푸짐한 곱창전골을 내놓는다. 넉넉한 냄비에 당면과 야채를 푸짐하게 넣고 끓여내는데 칼칼한 맛과 고소하면서도 쫄깃한 곱창 맛이 일품이다.

순천시 별미길, 중앙시장 인근 송비뇨기과의원 옆 골목

### 웃장 국밥골목의 자존심
# 제일식당

웃장 국밥 골목의 대표 맛집으로, 코레일의 '맛 따라 레일 따라'에 선정되는 등 여러 매체에 소개되었다. 며느리와 대를 이으며 친절하고 맛있는 집으로 소문난 이곳은, 국밥에 콩나물이 들어가 시원하면서도 깊은 맛을 낸다. 감칠맛 나는 김치와 깍두기도 맛있어 해장국으로도, 고단한 하루를 달래는 식사로도 좋다. 국밥 두 그릇 이상을 주문하면 돼지고기머리 수육과 순대가 가득 담긴 접시가 서비스로 나온다. 6천원이라는 가격이 미안할 정도로 넉넉한 인심에 새삼 여행의 즐거움을 느끼게 된다. 서비스로 나오는 수육과 순대는 함께 나오는 부추와 함께 초장에 찍어 먹는다. 새우젓과 쌈장도 있지만, 전라도식으로 초장에 찍어먹자.

순천시 북문1길 7, 웃장 돼지국밥골목 내 위치
● 061-753-4655 ● 07:30~21:30 ● 연중 무휴
● 국밥 6,000원 ● 웃장 주차장 이용

# CAFE & DESSERT
## 카페 & 디저트

### 솜사탕보다 부드러운 빵
# 화월당

카스테라 안에 팥소가 가득~

3대를 이은 90여 년 전통을 자랑하는 순천 대표 빵집이다. 1920년 일본인이 문을 열었고, 1928년 현재 사장님의 부친이 화월당에서 기술을 배우기 시작했다. 해방 후에 인수하여 지금에 이르고 있다. 아들은 볼 카스텔라를 만들고 부인이 빵 포장을 맡고 있다. 중앙시장 입구에 위치한 화월당에 들어서면 진열장에 늘어선 도자기 때문에 살짝 당황스럽기도 하다.

그러나 빵맛에 있어서 만큼은 디저트 강국인 일본에도 뒤지지 않는, 최고의 맛이다. 화월당의 대표 빵은 볼 카스테라이다. 보드라운 카스테라 안에 곱디고운 팥소가 동그랗게 싸여있는데, 빵은 솜사탕보다 부드럽고 팥은 깊은 단맛을 내며 조화를 이룬다. 국내에서는 비슷한 맛을 찾기 어렵고, 굳이 찾는다면 일본 최고의 디저트라 불리는 도쿄바나나에 비교할 수 있다. 우리 입맛에는 볼 카스테라가 더 맞는다. 찹쌀떡도 인기이다. 아주 얇으면서도 부드러운 찰기가 있고 달지 않은 팥소가 가득 들어있다. 어떻게 터진 곳이 하나 없는지, 놀라울 따름이다.

주말에는 오후 2시면 품절이 되기도 하고 평일에도 3~4시면 대부분의 빵이 다 팔리니 미리 전화로 문의해보고 방문하자. 택배 예약도 받지만 한 달을 기다리는 것도 다반사라니 시간을 두고 주문하자.

순천시 중앙로 90-1 중앙시장 정류장 인근 ● 061-752-2016 ● 08:00~22:00 ● 볼 카스테라 1,500원 찹쌀떡 1,000원 ● 명절 당일 휴무 ● 주차 불가

### 학생들을 위한 디저트 카페
# 골목이층

사람들로 복잡한 중앙시장과 패션의 거리 사이에 위치한 카페이다. 아기자기한 간판과 벽화를 보노라면 학창시절 소녀로 돌아가게 만드는 이곳은 순천 학생들에게 인기가 높다. 귀여운 인테리어 소품과 좌식 공간, 다락 공간이 있어 친구들과 한창 속닥속닥 수다를 떨 소녀들의 마음을 사로잡는다. 파티션으로 공간을 분리해 여행길에 지친 다리를 편히 쉬어가기에도 좋다. 이곳은 음료와 더불어 다양한 케이크와 타르트로 유명하다. 중독성 강한 '마약 딸기우유', '마약 망고우유' 등이 인기이다. 톡톡 튀다 못해 적극적인 소녀들의 취향을 살핀 게 아닐까 싶다. 봄이면 딸기 메뉴가 카페를 점령하다시피 하는데, 딸기를 듬뿍 올린 와플과 타르트, 딸기 우유는 질리지 않는 맛이다.

순천시 별미길 15, 패션의 거리 인근 ● 061-755-2766 ● 11:00~23:00 ● 마약딸기 우유 5,500원, 딸기 와플 3,800원 ● 연중무휴 ● 주차 불가

가마솥에서 삶아낸 팥이요~

### 가마솥에서 나온 팥빙수
## 파팔리나

100% 국내산 팥을 가마솥에서 직접 삶아 내는, 순천의 대표 빙수 전문 카페이다. 순천에만 3곳의 지점이 있는데, 본점은 드라마세트장 인근에 위치해 있다. 특선 빙수까지 종류도 10가지가 넘어 가히 순천을 대표하는 빙수집이라 할 만하다. 파팔리나는 매장에 가마솥실을 두고 직접 팥을 삶아내 곱게 갈아 만든 단팥이어서 단맛의 정도도 적당하고 식감이 뛰어나 견과류 등의 빙수 재료와 잘 어울린다.

파팔리나 팥빙수는 단팥과 우유로 만든 눈꽃 얼음을 비비지 않고 함께 떠 먹는 것이 더 맛있다. 비빔밥처럼 비비지 말고 덮밥처럼 떠서 먹어야 제 맛인셈. 빙수마다 떡이나, 견과류를 따로 챙겨주어 전라도의 넉넉한 인심을 또 한번 느끼게 된다. 무료로 제공되는 팥물도 꼭 한번 맛보자.

순천시 왕궁중앙길 62, 드라마세트장 인근 ● 061-726-8824 ● 10:00~24:00 ● 파팔리나 팥빙수 7,000원 깨방정 빙수 7,000원 녹차빙수 9,500원 ● 연중무휴 ● 주차 인근 가능

### 야외테라스가 멋진 카페
# 베니샤프 본점

동천변에 위치한 베니샤프는 전망이 뛰어나다. 동천옆 도로와 붙어있지만 마치 숲속의 벽돌집에 있는 기분이 들 정도로 아름다운 자연이 펼쳐진다. 가을이면 키 큰 상수리나무에서 상수리가 떨어지고, 감나무가 붉게 물들고, 봄이면 정원 곳곳에 꽃이 피고, 민들레 꽃씨가 흩날린다. 날씨 좋은 날 테라스와 정원의 테이블에 앉아 차와 디저트를 즐길 수 있어 실내보다 실외가 더 인기이다.
직접 로스팅한 원두로 커피 맛이 좋고, 커피에 어울리는 케이크는 매일 만들어 신선한 맛을 자랑한다. 사계절 맛볼 수 있는 블루베리 케이크는 신선한 생크림과 어울려 살살 녹고, 봄이면 딸기가 통째로 들어간 케이크도 꼭 맛볼 메뉴이다. 동천의 벚꽃이 흩날리는 봄과 벚나무에 단풍이 드는 가을날에는 베니샤프에 가고 싶어진다. 카페 이름이 '화수목'에서 '베니샤프'로 바뀌었지만 단골들은 여전히 화수목이라고 부른다.

순천시 용당둑길 153 베니샤프(본점), 동천 인근 ● 061-751-4545 ● 10:00~23:00 ● 연중무휴 ● 주차 가능

## 전망 좋은 카페
# 쿤스트

순천 시내와 인접한 주택가 카페. 조용한 동네에 카페가 있을까 싶지만, 쿤스트는 세련되면서도 한적한 동네 풍경과 잘 어울리는 매력적인 공간이다. 건물의 2, 3층을 리모델링하여 멋진 나무 테라스의 외관이 한눈에 들어온다. 노출 콘크리트로 시크한 분위기를 내는 카페는 폴딩도어를 설치해 테라스 공간과 이어진 탁 트인 느낌이다.

카페 벽면에는 리모델링 과정의 사진을 전시해 건물이 어떻게 변화되었는지 알 수 있어 흥미롭다. 의자와 테이블 모양도 다양하고 위치에 따라 배치도 자유로워 여유로운 시간을 즐길 수 있다. 혼자만의 한적한 시간을 보내고 싶다면 시내가 내려다보이는 옥상 테라스의 넓고 낮은 의자에 앉아보자.

책을 읽거나 공부할 곳이 필요하다면 조금 높은 테이블에 앉으면 된다. 밤이면 외관의 조명이 멋지다. 직접 디자인한 컵과 티셔츠도 판매하고 있다.

순천시 매곡동 145-11, 문화의거리 인근 ●061-279-9902 ●11:00~23:00 ●녹차빙수 8,000원 스무디 4,000원대, 푸라푸치노 5,000원대 ●연중무휴 ●인근 주차 가능

### 소곤소곤 이야기하기 좋은
## 카페 아씨

은행나무길에 위치한 카페다. 넓은 창과 벽돌로 된 외관은 편안함을 느끼게 한다. 창으로 보이는 거리 가로수와 사람들의 모습도 어딘지 정겹다. 얼음을 갈아 만든 망고 빙수가 인기이고, 추천 메뉴는 과일이 퐁당 들어간 에이드이다. 과일 퐁당 에이드는 생과일을 갈아 넣고 탄산수를 부은 후 얼음과 포도, 키위, 레몬 등을 넣어 과일향을 한층 더한다. 커피가 부담스러운 이들이 시원하게 한잔 즐길 수 있고, 비슷한 과일음료보다 색다른 느낌이다. 모든 메뉴는 테이크 아웃시에는 500원이 할인된다.

순천시 금곡길 12, 문화의거리 ● 061-751-6625 ● 09:30~23:00 ● 커피류 3,500~4,500원 생과일에이드 4,500원 망고빙수 6,000원 ● 연중무휴

### 기차를 기다리며
## 카페 래빗

순천역 건너편의 토끼 테마 카페이다. 역전시장과도 가깝고 순천만정원행 버스정류장이 바로 앞에 있어 여행객들의 사랑방 역할을 하는 곳이다. 벽면 가득 폴라로이드 기념사진이 붙어있는데, 즉석에서 폴라로이드로 사진을 찍고 카페에 남길 수 있어 내일러 등 젊은층 여행자에게 인기가 높다. 실내는 작지만 통창으로 되어 있어 답답하지 않고, 잠시 앉아 쉴 수 있는 테이트룸에는 테이블도 놓여있다. 기차 여행자들이 많이 찾는 곳이라 테이크아웃 서비스가 많다. 인기 메뉴는 모닝커피용 아메리카노와 새콤한 맛의 생레몬에이드이다. 역 대합실에서 지루한 시간을 보내기 싫거나 맛있는 커피 한 잔이 생각나면 카페 래빗으로 가보자.

순천시 덕암동, 순천역 건너편 ● 10:00~22:00 ● 커피류 2,500~5,000원대 생레몬에이드 5,000원 ● 연중무휴 ● 주차 불가

### 빈티지한 분위기
## 카페 르몽드

종합버스터미널 입구 근처에 파리의 골목에서 만날 법한 카페가 있다. 커피와 샌드위치가 맛있는 것으로 유명한데, 최근에는 수박빙수로 더 유명해졌다. 수박 반통을 잘라 동그랗게 모양을 내 파고, 아이스크림과 얼음, 팥과 아이스크림을 곁들여 내는데 가격은 다소 비싸지만 두세 명이 함께 먹을 수 있다. 직접 청을 만드는 수제에이드도 맛이 좋다. 빈티지한 병에 살얼음과 자몽 살을 듬뿍 넣어주는 에이드는 달콤쌉싸름한 맛으로 지친 입맛과 기운을 북돋아준다. 모두 3층으로, 흡연자는 3층에서, 편하게 대화를 나누려면 2층이 더 좋다.

순천시 장천동 85-77, 종합버스터미널 맞은편 ● 061-744-0355 ● 08:30~20:00 ● 수박빙수 14,000원 수제에이드 4,500원 ● 연중무휴 ● 주차 불가

### 책 읽기 좋은 풍경
## 북카페 바람개비

은행나무길 중간쯤에 2층의 노란 간판이 눈에 들어온다. 노무현재단의 1호 카페인 '바람개비'이다. 좁은 계단을 따라 2층으로 올라가면 한 폭의 수채화 같은 창가 풍경에 흐뭇해진다. 허리쯤 오는 흰창 너머로 가로수 풍경이 펼쳐져 여름이면 푸르고, 가을이면 붉고 노란 단풍이 그림같다. 북카페로, 다양한 책들이 책장에 꽂혀있는데, 노무현재단 제1호 카페의 오픈 소식에 많은 출판사에서 책을 기증했다고 한다. 유명 출판사들의 책들이 정갈하게 정리되어 있어 여유롭게 읽어볼 수 있다. 상큼한 창가 풍경과 따뜻한 분위기의 인테리어로, 앉아있기만 해도 마음이 편안해진다.

순천시 행동 85-6, 문화의거리 ● 10:00~19:00 ● 커피류 3,000~5,000원 스무디 4,800원 ● 일요일 휴무

### 보이차 향기에 취하는 카페
# 대익차

문화의거리 입구에 위치한 보이차 전문점이다. '대익차'라, 처음에는 주인장 이름인가 싶었는데, 보이차 브랜드라고 한다. 대익차를 전문으로 판매하는 곳으로, 우리나라에 몇 곳의 지점을 두고 있다. 순천의 대익차는 구례에서 길어온 물로 끓여내 보이차의 맛이 한층 더하는 것이 특징이다. 또한 다양한 다기를 사용하는데, 같은 차라도 잔에 따라 향이 달라지기 때문이라고. 다기에 따라 차의 맛이 달라지는 환상적인 경험을 해보자. 중국의 전통 차 예법과 문화를 경험할 수 있는 좋은 경험이다.

바에 앉아 주인장 또는 카페지기와 이야기를 나누며 마시는 차 맛도 특별하다. 비밀 메뉴인 '비밀연못의 정원'도 추천한다. 가향차에 과일을 더해 만든 시원한 음료로 더위에 지쳤을 때 특히 좋다. 카페에서는 대익차와 다양한 보이차 도구, 홍차 잔과 티팟, 커피도구 등을 전시·판매하고 있다.

순천시 행동 81-7, 문화의거리 입구 ● 061-904-1456 ● 10:00~22:00 ● 보이차 6,000원 비밀연못의 정원 6,000원 ● 일요일 휴무 ● 주차 불가

### 순천역 앞 동네빵집
### 이인수 과자점

순천역 앞 로터리에 위치한 빵집이다. 동네에서는 이미 알아주는 유명 빵집인데, 인근에 게스트하우스 등 숙소가 많아 여행자들 사이에 입소문을 타고 더욱 성업 중이다. 이른 아침 순천역에 도착한 여행자들이 가벼운 아침 식사를 해결할 수 있고, 기차 시간이 급한 여행자들에게도 좋은 간식거리가 된다.

아침 일찍 문을 여는데 빵 냄새가 가득한 제과점에 들어서면 다양한 빵들이 수북하다. 이인수 과자점의 대표 빵은 향긋한 녹차롤케이크, 생크림이 듬뿍 들어간 왕슈크림, 달콤한 꿀빵이다. 케익도넛과 바나나빵도 맛있다. 간단한 음료도 판매하고, 테이블도 몇 개 놓여있어 잠시 쉬어가기에도 좋다.

순천시 조곡동 160-3, 순천역 맞은편 ● 061-744-0098 ● 07:00~24:00 ● 녹차롤케익 1,800원 꿀빵 3,500원 왕슈 1,500원 ● 연중무휴 ● 주차 불가

### 수제 디저트가 맛있는
### 카페 마노아

맛, 인테리어, 전망 세 가지를 모두 갖춘, 조례호수공원 최고 인기 카페이다. 앤티크한 소품과 컬러가 예쁜 실내는 유럽의 카페가 부럽지 않다. 2층에는 아이와 함께 온 가족을 위한 오픈룸이 있고, 창가 자리는 호수공원을 한눈에 볼 수 있다. 스콘, 마카롱, 케이크, 타르트 등 다양한 수제 디저트 메뉴가 있어 에프터눈티를 즐기는 이들도 많다. 가장 인기 있는 디저트는 제철 과일이 든 과일 타르트다. 커스타드 크림과 생크림이 부드럽게 어울리고 과일의 상큼함이 더해진다. 빙수 종류도 다양하고, 브런치는 10:30~15:30분까지 판매한다. 금연 카페로, 흡연석은 없다.

순천시 왕지동 876-8, 조례호수공원 인근 ● 061-723-5911 ● 9:00~24:00(주말 10:00오픈) ● 과일타르트 4,300원 커피류 3,500~6,000원 ● 연중무휴 ● 주차 가능

### 철도관사 마을의 마스코트
# 카페 기적소리

철도마을 입구에 있는, 열차 벽화가 멋스럽게 그려진 카페이다. 호남철도협동조합에서 운영하는 곳으로, 입구에 짧은 기찻길을 옮겨 놓은듯 폐목으로 만든 것이 독특하다. 기차여행을 떠나는 설렘을 안고 카페 안으로 들어가 보자. 내부는 강렬한 원색의 컬러와 나무를 적절히 사용해 산뜻하면서도 따뜻한 분위기이다. 카페 곳곳에는 책도 놓여있고, 철도 관사마을의 옛 사진과 철도 노동자들의 일터 풍경 사진도 전시되어 있다. 때로 공연이나 문화프로그램도 운영한다고 한다.
기적소리 카페의 인기 메뉴는 3년 이상 숙성한 집매실차와 거문도에서 채취한 자연산 쑥으로 만든 해풍쑥차, 관사마을의 유명 떡집 떡을 넣은 찹쌀팥빙수다. 철도 관사마을에 대한 정보도 얻을 수 있다.

순천시 조곡동 82-165, 철도운동장 앞 ● 061-901-3067 ● 10:00~20:00 ● 해풍쑥차 4,000원 찹쌀 팥빙수 8,000원 집매실차 3,500원 ● 연중무휴 ● 인근 주차 가능

### 프로방스 풍 인테리어가 멋스러운
# 카페 드 마망

순천만 정원 서문쪽 주택가에 있는 카페이다. 순천만 서문 버스정류장과도 가깝고 주차장과도 가까워 접근성이 좋다. 남회색의 둥근 차양이 멀리서도 눈에 들어오고, 프로방스풍의 현관도 여심을 흔든다. 4~8인까지 앉을 수 있는 큰 테이블이 있어 여럿이 함께 하는 자리도 좋고, 모임을 하기에도 좋다. 곳곳에는 인테리어 소품과 여행, 음식 등을 다룬 잡지와 책이 있는데, 구매도 가능하다. 디저트와 브런치가 맛있는 곳으로 유명하고, 특히 홈메이드 샹그리아를 추천하고 싶다. 와인에 사과나 오렌지, 레몬 등의 과일을 넣어 차갑게 숙성시켜 먹는 스페인의 대표 음료인 샹그리아를 간단한 스트링 치즈, 쿠키와 함께 병째 내어와 와인 잔을 따로 준비해주는 등 플레이팅이 돋보인다. 약간의 알코올기가 있지만 음료처럼 마실 수 있다.

순천시 연향동 1667-9 ● 070-770-9659 ● 12:00~23:00 ● 커피류 3,000~5,000원 홈메이드 샹그리아 6,500원, 디저트&브런치 2,300~7,000원 ● 연중무휴 ● 주차 인근 가능

## ACCOMMODATION
숙박

### 친구를 사귀고 싶다면
### 하루 게스트하우스

blog.naver.com/harugh

중앙시장 앞에서 길 건너 서한모 가옥, 순천향교, 공마당 달빛 마을로 이어지는 구도심에 위치한 게스트하우스. 노란색 아기자기한 간판을 달고 장난꾸러기처럼 서 있다. 다양한 이벤트가 쉼 없이 벌어지는 곳으로, 스태프들이 여행을 살뜰히 챙겨준다.
밤이면 술 한잔을 놓고 소소한 수다가 열리고(만취 금지!), 순천의 숨겨진 명소를 돌아보는 야간투어가 있다. 유달리 정이 넘치는 게스트하우스여서 거쳐간 여행자들이 SNS그룹을 맺고 모임도 가질 정도이다. 하루 게스트하우스를 다녀간 여행자들이 일년에 한번 공연을 기획해 즐겁게 보내기도 한다. 이곳에서 묵는 것을 목표로 순천 여행을 오는 여행자도 있을 정도다. 여행지에서의 하룻밤이 얼마나 깊은 인연이 되는지를 확인할 수 있다.

순천시 영동 42, 중앙시장 근처
● 010-8193-1253 ● 도미토리 24,000원 ● 체크인, 체크아웃 자유
● 조식 가능 ● 주차 가능

## 전 세계 여행객들이 모이는
# 남도 게스트하우스

끝내줘

#### namdogeha.com

입구에는 자갈이 깔려있고, 마당에는 큰 은행나무와 천리향 향기가 싱그럽게 풍기는 단독주택 게스트하우스. 순천의 많은 게스트하우스 중에서도 외국 여행자에게 많이 알려진 곳이다. 넓은 대청마루는 게스트의 공용공간인 거실로 사용하는데, 매일 저녁이면 9301200파티가 열린다. 저녁 9시 30분부터 12까지 열리는 파티로, 체크인하는 오전에 참석 여부를 알려주면 된다. 10명 이상 참여시에 진행된다. 7,000원~10,000원의 참가비를 내고, 함께 정리하고 시간 엄수하기, 2차를 위한 외출 금지 등이 특징이다.

거실과 도미토리룸이 붙어 있어, 조용히 쉬고 싶다면 다락방 도미토리를 예약하거나 다른 게스트하우스를 찾아보자. 순천 종합버스터미널과 가까워 대중교통으로 순천 여행하기에 좋은 위치이다.

순천시 장천동 35-8, 종합버스터미널 인접 ● 010-4356-3255 ● 도미토리 20,000원 ● 체크인 자유, 체크아웃 10:00 ● 조식 제공 ● 주차 인근 가능

### 느리게 걷는 순천
## 느림 게스트하우스

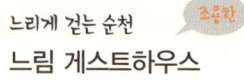

**www.nreem.co.kr**

붉은색 유럽풍 현관문이 마스코트인 게스트하우스. 순천역, 역전시장과 가까운 주택가에 예쁘게 자리 잡고 있다. 동천이 가까워 아침 저녁으로 산책하기에도 좋다. 클래식 자전거를 1일 5,000원에 대여해 하루 종일 라이딩을 즐길 수도 있다. 봄, 가을이라면 자전거를 타고 동천 바람을 맞으며 꽃구경을 하거나 동네 산책을 하는 소박하지만 특별한 여행을 해보자.

취침시간은 밤 11시이고, 술 반입이 금지되어 있다. 느리게 여행하며 조용히 쉬고 싶은 게스트들에게 안성맞춤인 공간이다. 다양한 도미토리룸이 있고, 방마다 컬러를 컨셉으로 아늑한 파스텔톤 벽지와 침구류가 깔끔하게 갖춰져 있다. 거실도 넓고 조식을 먹는 부엌, 옥상 테라스가 잘 갖춰져 있어 한적한 시간을 보낼 수 있다.

순천시 풍덕동 887-25번지, 순천역, 순천역전시장 근처 ● 010-9229-8917 ● 도미토리룸 1인 20,000원 ● 14:00~11:00 ● 조식 제공 ● 주차 인근 가능

### 여성만을 위한 공간
# 순천 게스트하우스

*scminbak.blog.me*

8인실, 5인실, 4인실의 도미토리로 구성된 게스트하우스로, 가족과 단체를 제외하고는 여성만이 묵을 수 있다. 엄마와 함께, 자매끼리, 여자 친구들끼리 조용한 하룻밤을 묵고 싶다면 순천게스트하우스를 추천한다. 조용한 분위기로, 순천 토박이인 주인장이 곳곳의 역사와 숨은 볼거리를 알려주어 순천여행에 조언을 구할 수 있는 점도 장점이다.

특별한 날을 빼고는 오전에 순천만 정원과 저녁에 순천만 생태공원 픽업서비스를 제공한다. 한 겨울에는 화포해변 일출 보기 이벤트도 종종 진행되니 문의해 보자. 취사는 불가하고, 간단한 식음료를 둘 수 있는 냉장고와 주방이 있다. 조식이 제공되지 않지만 역전시장에서 아침거리를 사거나, 근처에 식당이 많아 사먹거나 하면 된다.

순천시 풍덕동 864-4번지, 순천역과 역전시장 근처 ● 010-4069-8259 ● 도미토리룸 15,000원 ● 14:00~10:00 ● 조식 불가 ● 주차 가능

여행자의, 여행자에 의한, 여행자를 위한
## 사이 게스트하우스

blog.naver.com/danimmarket

순천역과 가장 가까운 게스트하우스. 대구에 본점을 둔 다님백패커스 3호점이다. 여행자들의 커뮤니티에 중점을 두는 게스트하우스로, 대구에서 온 운영진이 순천 여행자들을 위해 물심양면 도와준다. 여행자들의 막걸리 파티 등이 열리지만 필수는 아니어서 원할 때만 참여해도 상관없다. 누구나 편하게 지낼 수 있는 분위기가 이곳의 특징이다. 남녀별 도미토리룸이 운영되지만 간혹 혼성 8인실이 운영되기도 하니 예약 전에 확인하자.

순천시 팔마로 130-1, 순천역 맞은편 파리바게트 건물 3층 ● 070-8846-8581 ● 8인실 18,000원 4인실 20,000원 ● 15:00~ 10:00 ● 조식 가능 ● 주차 가능

### LP음악이 흐르는
# 올라 게스트하우스

cafe.naver.com/holaguesthouse

순천시 신도심에 있는 게스트하우스이다. 주요 여행지와 다소 떨어져 있지만 조례호수공원과 가까워 도심여행을 꿈꾸는 이들에게 추천할 만한 곳이다. 올라게스트하우스는 내집처럼 편안한 것이 특징이다. 거실에는 향수를 불러일으키는 턴테이블과 LP판들이 있어 30대 여성 여행자들의 열광적인 사랑을 받고 있다.
하루 여행을 마치고 느긋하게 음악을 들으며 차를 마시는 것도 순천 여행의 추억이 된다. 밤에는 여행객들끼리 자유롭게 파티가 종종 열리기도 한다. 거실과 도미토리룸이 붙어 있으니 미리 확인하자.

순천시 해룡면 상삼리 664-3, 기적의 도서관 근처 ● 010-4900-3626 ● 도미토리 18,000원 ● 15:00~11:00 ● 조식 가능 ● 주차 인근 가능

### 북유럽풍 인테리어
### 아뜰리에 레지던스
*조용한*

cafe.naver.com/7521800/57

순천대학교 근처에 위치한, 유럽형 레지던스 하우스다. 호텔식 인테리어의 객실에서 게스트하우스 수준의 가격에 묵을 수 있어 좋다. 순천대학교와 가까워 대학 세미나와 비즈니스, 교환 교수와 학생을 대상으로 하는 레지던스였으나, 최근 여행자의 숙박 공간으로도 인기이다.

방 한면이 창으로 되어있어 화사한 햇살이 들어오고, 침구류는 매일 삶아서 호텔 못지않게 깔끔하다. 흰침구와 원색, 톤다운 컬러를 매치한 객실 인테리어도 멋스러워 웬만한 비즈니스 호텔보다 낫다. 모든 객실은 2인 기준으로, 더블침대, 냉장고, 텔레비전, 옷장, 욕실, 책걸상이 완비되어 있다. 세면도구는 각자 준비해야 하며, 수건과 드라이어가 있다. 산책하기 좋은 산책로가 있고 순천대학교가 가까워 식당과 카페 등도 많다.

아뜰리에 레지던스는 전 객실과 라운지에서 음주가 금지되어 있다. 여느 모텔처럼 대실서비스도 제공하지 않음을 강조하는데, 생각보다 대실 문의가 많다고 한다. 예약은 오전 9시부터 오후 5시까지 문자로만 할 수 있다.

순천시 가곡동 423-5길 순천경찰서 옆 ● 예약문의 010-9440-2000 ● 주중 50,000원 주말 60,000원 극성수기 평일 60,000원 주말 70,000원(2인 기준) 1인 추가 10,000원 ● 17:00~11:00 ● 조식 불가 ● 주차 가능

가족과 함께 한옥에서의 하룻밤

# 에코촌 유스호스텔

ecochon.suncheon.go.kr

국내 최초의 한옥형 유스호스텔이다. 큰 4개동에 20곳의 객실채가 있고, 방은 43개이며 최대 150명 가량 하루에 묵을 수 있는 대형 호스텔이다. 멋진 한옥 건물이 늘어서 있고 누각도 있는 등 외관도 멋있지만, 호스텔 앞으로 동천과 순천만이 펼쳐지는 풍경이 더욱 멋지다. 작은 마을의 논과 밭이 그림처럼 정겹고 정원이 주변을 둘러싸고 있어 한적하면서도 더없이 운치있는 한옥 숙소이다. 아침이면 새소리가 들리고 늦은 밤이면 고요한 가운데 우는 풀벌레 소리와 하늘을 수놓는 별을 볼 수 있다.

모든 객실은 온돌과 나무, 흙벽, 창호지 등 친자연 소재로 지어졌고, 창호문과 유리로 되어 있어 한옥의 단점인 외풍이나 방음 문제도 해결하였다. 객실은 정원 2~3인의 방 1개짜리부터 최대 29명까지 묵을 수 있는 대형 숙소까지 다양하다. 3~4인이라면 방이 1개인 에코 2동이 적당하고, 5인 이상의 가족이라면 방이 3개인 에코 1동이 적당하다.

방은 동마다 구조와 전망이 조금씩 다르다. 어느 동에 묵더라도 온돌방에 깨끗한 욕실이 딸려있어 남녀노소 모두에게 만족도가 높다.

남도의 정취와 자연을 느끼며 한옥에서의 하룻밤을 꿈꾼다면 강추한다. 한옥은 숙박료가 조금 비싼 편이지만, 에코촌 유스호스텔은 순천시가 운영하여 숙박료가 비교적 저렴한 것도 큰 장점이다. 수건 외의 세면도구는 개인이 챙겨야 한다. 순천시에서 운영하기 때문에 단체 예약을 우선하고 있다. 개인 예약은 한 달 전부터 가능하다.

순천시 해룡면 대안마산길 180, 순천만 정원 서문 주차장 근처●061-722-0800●에코1동(방 3개) 150,000원 에코2동(방 1) 5~60,000원 에코3동(방 4개, 화장실 2개) 200,000원●15:00~11:00●조식 1인 6,000원(3일 전 예약)●주차 가능

고성(古城)으로의 여행

# 낙안면

낙안읍성, 낙안향교, 낙안민속자연휴양림

# 넉넉한 땅에서
# 만백성이 평안하여라
# 낙안면

"풍요로운 땅에서 만백성이 평안하다"라는 뜻의 낙안(樂安)은 조선시대에 한양을 모델로 한 지방계획도시이다. 순천시 도심에서 동천과 상사호 줄기를 지나 굽이진 산길을 한참 달리면 넓은 대지에 마을과 읍성이 옹기종이 모인 낙안면을 만나게 된다. 낙안에서 만난 주민들은 모두 "참 살기 좋은 땅이여"라고 말한다. 자연재해가 드물고 논에는 벼가 알차게 여물고 밭에서는 농작물이 잘 자란다. 겨울에도 따뜻해 눈이 잘 내리지 않는다.

풍수적으로 낙안은 600년 동안 이어져 온 길지로 꼽힌다. 동쪽에는 오봉산 북동쪽에 금전산, 서쪽에는 백이산 남쪽에는 제석산이 둘러싸고, 낙안천과 교촌천이 가로지르는 배산임수의 지역에 너른 들이 있는 살기 좋은 땅이다.

낙안의 가장 큰 볼거리는 옛 읍성의 형태를 그대로 간직한 낙안읍성 민속마을이

다. 우리나라 3대 읍성에 꼽히는 곳이며, 인근에 유교의 향기가 가득한 낙안향교가 있다. 또한 금전산 자락의 낙안민속자연휴양림에서는 순천의 자연을 온몸으로 느낄 수 있다. 일상의 피곤을 풀어주는 낙안온천도 있어 1박 2일 코스로 좋다.

옛부터 자연경관이 좋아 시인묵객들의 음풍의 대상이었던 낙안면. 민속마을에서 하루 묵으면서 돌담 너머로 솟아오른 달빛을 감상하고, 초가지붕 위로 내려앉은 아침 이슬을 보는 것도 좋은 여행의 추억이 된다.

여행tip

- 순천 시내에서 서쪽으로 약 20.2km 떨어져있다. 택시는 시외 복합지역요금이 적용된다.(기본요금 약 4,000원)
- 낙안면에는 석이버섯, 고사리, 도라지, 더덕, 미나리, 무, 녹두, 붕어의 여덟 가지 맛이 전해진다. 이순신 장군이 낙안읍성을 찾았을 때 대접한 것에서 유래한다고 한다. 여덟 가지 재료로 넉넉한 맛을 내는 백반을 꼭 맛보자.

한국의 피렌체

# 낙안읍성 nagan.suncheon.go.kr

한적한 시골 마을에 커다란 돌을 쌓아 만든 늠름한 성곽 위로 붉고 푸른색 깃발이 바람에 펄럭인다. 웅장한 성곽을 마주하고 성안으로 들어서면 순식간에 500년을 뛰어넘어 조선시대 어느 고을에 툭 떨어진 것이 아닌가 싶을 만큼 놀라운 풍경과 마주하게 된다.

낙안읍은 복원된 민속촌이 아니라 주민들이 조선시대의 생활풍속을 지키면서 실제 거주하고 있다. 1983년 6월 14일 사적으로 지정되기 전에는 성안에 200여 호에 800여 명이 살았는데, 사적지로 지정되면서 불량 가옥은 철거되고 현재 120호에 288명이 살고 있다. 1910년 일제에 의해 조선읍성이 훼철되어 원형이 남아있는 곳이 거의 없는데, 낙안읍성은 성안의 관아(官衙)와 민가가 잘 보존되어 행정과 군사적인 기능을 동시에 하던 읍성을 가장 잘 볼 수 있다는 점에서 역사적 의미가 크다. 세계문화유산 잠정목록에 등재되어 있고, CNN선정 대한민국 대표 관광지 16위에 선정되기도 했다.

● 순천시 낙안면 충민길 30 ● 061-749-8831 ● 09:00~18:30 ● 연중무휴 ● 어른 4,000원 청소년 2,500원 어린이 1,500 ● 주차 가능

## 주요 관람 코스

**A 코스 (1시간)**
② → ③ → ④ → ⑤ → ⑦ → ⑧ → ⑥ → ⑨ → ⑩ → ⑬ → ⑰ → ⑱ → ②

**B 코스 (2시간)**
② → ③ → ④ → ⑤ → ⑦ → ⑧ → ⑥ → ⑨ → ⑩ → ⑪ → ⑫ → ⑬ → ⑮ → ⑯ → ⑮ → ⑭ → ⑰ → ⑱ → ②

**C 코스 (4시간)**
② → ③ → ④ → ⑤ → ⑦ → ⑧ → ⑥ → ⑨ → ⑩ → ⑪ → ⑫ → ⑭ → ⑮ → ⑯ → ① → ② → ⑩ → ⑬ → ⑮ → ⑰ → ⑱ → ②

**D 코스 (4시간)**
C 코스 + 민박, 낙안민속자연휴양림, 낙안혼천, 금전산, 금둔사, 낙안향교, 이곡 배꽃피는마을

※ 안내도 참고 이미지 제공 : 낙안읍성

낙안읍성은 조선 전기 읍성으로, 전북의 고창읍성, 충남 서산의 해미읍성과 함께 조선 3대 읍성으로 꼽힌다. 낮은 구릉이 있는 평지 읍성으로, 현재는 자연석을 4~5미터 높이로 쌓은 석성이지만, 태조 6년(1397년) 왜군이 자주 침입하자 낙안 출신의 전라도 절제사 김빈길이 토성을 쌓은 것이 시작이다. 인조 4년(1626년)에 임경업 장군이 낙안군수로 부임하면서 면적을 넓히고 돌로 성벽을 쌓아 현재의 석성으로 중수하였다.

22만3108㎡(6만7490평) 면적인 성내에는 동내리, 서내리, 남내리 세개의 마을이 형성되어 있다. 읍성 내부는 북문이 없고, 낙풍루(동문) 쌍청루(남문) 낙민루(서문)를 이어주는 큰 길이 나있다. 이 길을 따라 민가가 형성되어 있고, 네 곳에 치성(雉城·성 위에 낮게 쌓은 담)을 두어 외적을 막는 방어시설을 해 두었다.

성곽이 가장 잘 보존되어 있는 구역은 동문에서 남문으로 이어지는 곳이다. 성문을 막는 옹성은 남문과 서문터에 흔적이 남아있다. 전망 좋은 성곽에 오르면 멀리 산과 초야, 낙안읍성의 초가 지붕이 눈앞에 펼쳐진다.

이탈리아 피렌체의 두오모 성당에서 내려다보는 풍경 못지 않게 아름다워 눈을 떼지 못할 정도이다. 민가는 부엌과 토방, 툇마루로 이루어진 남부지방의 전형적 가옥 구조로, 대부분 일자형 3칸이다. 안채와 아래채가 있고, 외양간과 창고를 겸해서 사용하는 헛간채와 잿간(재래 변소)이 마당 한 켠에 자리한다. 현재 우리나라 판소리의 한 기둥인 동편제 국창 송만갑 선생의 생가가 있는 동편제의 산실이며, 가야금 병창 중시조인 오태석 명인의 생가도 남아있다.

요즘은 민가에서 전통 민박을 하는 곳이 많아 하룻밤 머물러 갈 수 있다. 여름에는 풀벌레 소리가, 가을이면 벼 베어내는 소리가 돌담 너머로 들려와 여행의 낭만에 흠뻑 빠져든다.

계절마다 다양한 행사도 열리는데, 전국 가야금병창대회, 음력 정월 대보름 민속 한마당 큰잔치, 5월 낙안민속문화축제, 10월 남도음식문화큰잔치 등이 벌어진다. 드라마 〈대장금〉, 〈허준〉, 〈토지〉, 〈해신〉, 〈불멸의 이순신〉과 영화 〈취화선〉, 〈광해〉 등의 촬영지로도 유명하다.

## 1 낙안 객사

손님을 접대하던 곳으로, 외국이나 조정에서 파견된 관리의 숙소로 이용되었다. 임금을 상징하는 궐패를 모셔두고 매월 초하루와 보름에 고을 관리와 선비들이 모여 망궐례를 올리는 곳이기도 하다.

세종 32년(1450년) 군수 이인이 건립한 이후 인조 9년(1631년)과 철종 8년(1857년)에 각각 수리한 기록이 있다. 현재 건물은 객사의 본전으로, 정면 7칸, 측면 3칸의 맞배지붕(옆에서 보면 人자 모양)이며, 양쪽 날개집은 팔작지붕(옆에서 보면 八자 모양)이다. 1909년부터 낙안초등학교로 사용되었고, 1982년에 보수를 거쳐 지금에 이르고 있다.

## 2 임경업 장군 비각

조선 인조 6년(1628년) 4월 1일에 지은 임경업의 선정비이다. 임경업은 인조 4년(1626년)에 낙안군수로 내려와 선정을 베풀었고 정묘호란 때에 큰 공을 세웠다. 이를 기려 낙안군민이 세운 것이다. 매년 정월 대보름이면 제사를 지낸다.

## 3 동헌과 내아

조선의 지방 관청으로 감사, 병사, 수사, 수령 등이 지방행정과 송사를 다루던 곳이다. 동쪽은 수령이, 서쪽 방은 관리들이 사용하였다. 낙안읍성 내 동헌은 '사무당'으로도, 동헌 좌측에 수령의 살림채인 내아가 자리해 내동헌으로도 불린다. 수령과 관리, 포졸과 죄인의 모형을 두어 당시의 풍경을 그려볼 수 있고, 곤장을 맞는 사진을 찍을 수 있는 포토존도 있다. 넓고 탁 트인 내아의 마루는 붓글씨를 배울 수 있는 공간으로, 주요 행사장으로도 사용된다. 여름에는 시원한 바람이 땀방울을 식혀주는 곳이기도 하다. 문헌과 옛 터를 발굴 조사하고 고증을 통해 1990년에 복원하였다.

## 4 김대자 가옥 (전통가옥체험장)

19세기 초에 지어진 것으로 추정되는, 전통 민가의 초가집이다. 장독대 모양새, 집 앞의 기단석(잇돌)과 안방문의 미닫이 문살의 정교한 상세와 부뚜막 위의 조왕을 모신 것 등 19세기 말의 생활상을 엿볼 수 있다. 작은방 앞 처마 밑에 토담을 둘러쳐서 작은 부엌을 두었는데, 이는 중부지방의 전통 민가에서 가끔 볼 수 있는 양식이어서 이채롭다. 전통 가옥체험장으로, 전통 혼례와 의상 체험을 해볼 수 있다.

## 5 옥사지

낙안읍성 내 죄수들을 가둬두던 곳이다. 다른 읍성과 달리 관아와 멀리 떨어진 곳에 위치한 점이 특이하다. 옥사 주변에 연못이 있는데, 죄수가 쉽게 도망가는 것을 막기 위한 것이라 한다.

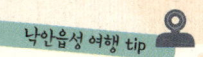

### 낙안읍성 여행 tip

민속촌이 아니라 주민들이 실제 살고 있는 곳이다. 체험장이 아닌 집은 주인의 허락을 얻은 후 살펴보아야 한다. 돌담길을 걸을 때에도 너무 크지 않은 목소리로 도란도란 대화를 나누자.

**전망** 최고의 전망은 서문에서 남문(쌍청루) 방향이다. 드라마 〈대장금〉 세트장이 있는 대숲근방에서 낙안읍성과 주변 산을 한 장의 사진에 다 담을 수 있다. 특히 신록이 도는 5월의 동틀 무렵 풍경은 천년을 거슬러 조선시대로 떠난 듯하다.

**식사** 읍성 내에는 식당이 3곳 있다. 1호점은 국밥, 2호점은 비빔밥과 분식, 3호점은 백반과 정식을, 낙안읍성이 직접 운영하는 한식 요리집 팔진 미관이 있다. 동문에는 간단한 먹거리와 음료 등을 파는 가게가 있다. 여름에는 무덥고 그늘이 많지 않아 생수를 미리 챙겨야 한다. 성 밖에는 여러 식당이 있다.

**여름 피서지** 내아의 넓은 대청마루에 오르거나, 남문(쌍청루)에 올라보자. 시원한 자연 바람을 느낄 수 있다.

**숙박** 성내의 대부분 민가에서 민박을 하고 있다. 홈페이지(nagan.suncheon.go.kr)의 안내마당에 민박별 전화번호와 편의시설이 안내되어 있다. 전통 초가집으로 방음에 약하고, 한겨울에는 웃풍은 없는지, 방문은 2중으로 되어있는지 미리 확인하자.

**지붕 올리기** 가을걷이가 끝나면 읍성의 초가들은 새로 지붕을 올린다. 가족여행이라면 가을걷이에 맞춰 초가 지붕 올리는 것을 보자.

## 낙안읍성에서 놀아보자
# 전통체험

낙안읍성은 살아 있는 전통마을로, 옛 풍습을 곳곳에서 체험해 볼 수 있다. 도자기 만들기, 한지 만들기, 염색체험, 목공예 등은 약간의 재료비만으로 체험이 가능하며 붓글씨 쓰기, 소원지 쓰기, 대장간 체험, 길쌈, 물레 돌리기, 다듬이질, 민요 체험, 짚물 공예 등은 체험 비용 없이 가능하다.
주말에는 군악공연, 가야금 병창 공연, 다도체험, 소달구지 타기 등 더욱 풍성한 체험거리가 열린다. 바쁜 일정이라면 성내 곳곳에 있는 그네를 뛰거나 장기두기, 투호, 굴렁쇠 등 간단한 전통놀이를 즐길 수 있다.

## ✱ 주말상설체험

| 체험명 | 내용 | 일정 | 시간 | 장소 |
|---|---|---|---|---|
| 수문장교대식 | 순라(巡邏)교대 및 수위의식 복식(服飾)체험 | 낙안읍성 홈페이지 http://nagan.suncheon.go.kr 공지 | | |
| 군악공연 | 군악(풍물) 공연 | 홈페이지 공지 | | |
| 가야금 병창공연 | 가야금 연주 및 소리체험 | 홈페이지 공지 | | |
| 전통예절교육 및 다도체험 | 전통예절교육 전통 차 체험 | 매주 토, 일요일 | 10:00 ~ 17:00 | 내아 |
| 소달구지 체험 | 소달구지 타기 | 매주 토, 일요일 | 10:00 ~ 17:00 | 객사~놀이마당 |

※ 자세한 체험문의 061-749-8831

## ✱ 일일상설체험

| 체험명 | 내용 | 체험비용 | 시간 |
|---|---|---|---|
| 국악체험 | 판소리 배우기, 민요 체험 | 없음 | 30~40분 |
| 전통악기체험 | 장구와 북 배우기, 대금부르기 | 없음 | 20~30분 |
| 천연염색 | 황토, 감물, 쪽물, 금잔화 꽃 등을 이용한 천연염색 | 황토 7,000원 금잔화 7,000원 쪽물 8,000원 | 40~50분 |
| 길쌈 및 누에체험 | 다듬질하기, 삼베하기, 물레돌리기, 누에기르기 | 없음 | 20~30분 |
| 낙안서당체험 | 붓글씨 쓰기, 전통예절 교육, 가훈 쓰기 | 없음(가훈대필시 비용 있음) | 20~30분 |
| 한지공예 체험 | 한지로 공예품 만들기 | 접시 5,000원 손거울 8,000원 연필꽃이 10,000원 필통 15,000원 | 20~30분 |
| 짚물공예 체험 | 짚으로 새끼 꼬기, 짚신 만들기 | 없음 | 20분 |
| 대장간 시연 | 풀무질, 농기구 제작 시연 | 없음 | 10~20분 |
| 목공예 체험 | 목공예 제품 색칠하기 | 목공예품 10,000원 | 20~30분 |
| 도자기(도예) 체험 | 접시, 컵 만들기 | 도자기 10,000원 | 20~30분 |
| 송사 체험 | 송사 체험 | 없음 | 20분 |
| 농촌 체험 | 벼수확(홀테), 맷돌 돌리기, 절구치기 | 없음 | 20~30분 |
| 소원지·초가우체통 엽서쓰기 체험 | 소원지 쓰기, 엽서쓰기 엽서(향후,확정) | 소원지(무료) | 20~30분 |
| 대나무 그네타기 | 대나무, 그네타기 | 없음 | 10~20분 |

※ 자세한 체험문의 061-749-8831
※ 낙안읍성을 거닐다 보면 그네타기 등 다양한 전통놀이 체험을 할 수 있다. 특별히 원하는 체험이 있다면 사무실에 문의하여 위치와 체험가능 여부를 확인하자.

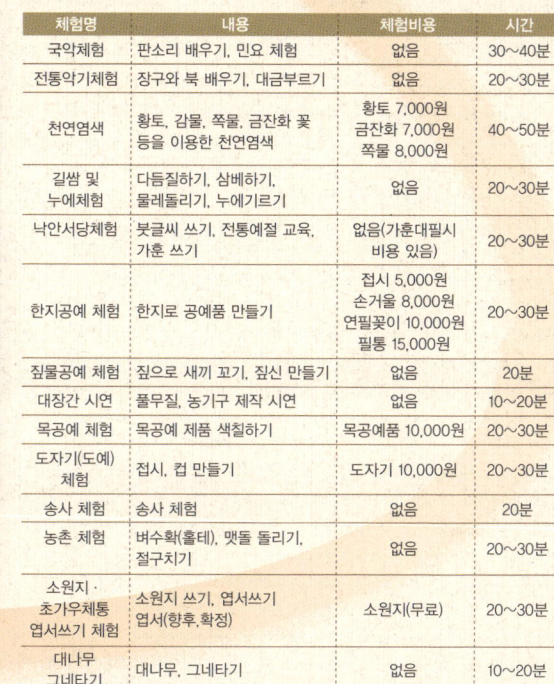

성현들의 향기를 느낄 수 있는 소담한
# 낙안향교

낙안읍성 주차장을 지나면 마을 입구에 붉은 홍살문이 보인다. 향교가 있는 교촌마을로, 높은 구릉에 낙안향교가 위치해 있다. 조선 초기 향교로 추정되는데, 효정 9년에 순천 용암동쪽에 있던 것을 현재의 위치로 옮겼다.

1908년 낙안군이 폐군되고 순천군과 보성 양양군에 분속될 때 사라질 위기에 처했으나 1916년 문묘 복설운동으로 명맥을 이어오고 있다. 낙안향교는 앞쪽에는 외문과 명륜당 등의 강학 공간이 있고 뒤쪽의 높은 터에는 내삼문과 막돌담장을 두른 대성전이 위치한 전학 후묘의 배치이다. 명륜당 왼쪽에는 유생을 상징하는 수령 400년 정도의 은행나무가 멋스럽게 자리하고 있다.

830여 평의 넓은 대지에 명륜당, 대성전, 동무(東)·서무(西)·동재·서재·양사재(養士齋)·고직사(庫直舍) 등 9개의 건물이 있어 향교의 전형적인 형태를 갖추고 있다. 조선시대에는 나라에서 토지와 전적, 노비를 지급받아 교생을 가르쳤지만 갑오개혁 이후 교육 기능은 사라지고 봄과 가을에 석전을 지내며 초하루와 보름에 분향을 하는 제사의 기능만을 하였다.

순천시 낙안면 교촌리 222 ● 061-754-3277 ● 09:00~18:30 ● 무료 관람 ● 연중무휴 ● 주차 불가 ● 찾아가기 : 순천역, 종합버스터미널에서 68번 버스를 타고 낙안중학교 정류장 하차. 약1시간 15분 소요. 낙안읍성에서 도보 10~15분 거리.

숲 사이로 계곡물이 흐르는
## 낙안민속자연휴양림

순천시는 도심을 제외하고 대부분 산지로, 가벼운 등산이나 트레킹을 하면서 순천의 맑고 깊은 자연의 에너지를 느껴볼 수 있다. 낙안읍성과 가까운 낙안민속자연휴양림은 금전산 자락에 있다. 소박한 규모로, 아담한 정원 분위기가 느껴지는 곳이다. 금전산과 오봉산이 휴양림의 뒤를 감싸고 있어 비가 많은 여름철에는 기암 사이로 힘차게 폭포수를 내뿜는 처녀폭포가 유명하다.

휴양림 숲속의 집에서 하룻밤 묵어도 좋고, 잠시 들러 숲의 맑은 공기를 마시고 낙안읍성으로 걸어 내려가도 좋다. 휴양림에서 낙안읍성 가는 길은 농촌과 산촌 풍경이 펼쳐져 마음이 평온해 진다. 여름철에는 뒷산을 배경으로 핀 보랏빛 도라지꽃이 소박한 자태를 뽐낸다. 읍성까지는 약 15분 정도 걸리고, 경사가 있어 도로가 위험하니 차량을 조심하자.

순천시 낙안면 동내리 산3-1 ● 061-754-4400 ● 09:00~18:00(숙박 당일 15:00~익일 12:00) ● 숙박 객실 15개, 야영장 17개 ● 어른 1,000원 청소년 600원 어린이 300원 ● 연중무휴 ● 주차 가능 ● 찾아가기 : 순천역, 종합버스터미널에서 63번, 68번 버스를 타고 민속자연휴양림 정류장 하차. 약1시간 소요.

### 낡고 투박한 아름다움
# 뿌리깊은나무 박물관

낙안읍성 동문에서 남문쪽으로 걷다보면 세련된 건물을 만나게 된다. 바로 뿌리깊은나무 박물관이다. 1976년 창간된 월간지로 당대 최고 부수를 판매하며 지성인들의 상징이 된 〈뿌리깊은나무〉의 발행인 故한창기 씨가 생전에 모은 유물을 전시하고 있다.

박물관은 전시관과 한옥, 야외 전시장으로 이루어져 있다. 상설전시관에서는 청동기 시대에서부터 광복 이후까지의 유물인 토기, 옹기, 불교용구, 민속 공예품 등이 전시되어있다. 한창기실에는 잡지 〈뿌리깊은나무〉와 단행본으로 출간된 책들이 전시되어있고, 기획전시실에서는 고전소설 홍길동전, 심청전, 옥루몽, 사씨남정기, 삼강행실도, 오륜행실도 등이 전시되어있다. 월왕전(하편) 목판은 이곳 박물관의 판이 우리나라 유일본이다. 한옥은 단소 명인인 故김무규 선생의 생가로, 구례읍 상성리 절골에 있던 것을 이곳에 옮겨 복원하였다. 사랑채, 안채, 별채, 사당 등 모두 8채로 이루어져 한옥의 완전한 구조와 형태를 볼 수 있다.

> **여행 tip**
>
> **월간 〈뿌리 깊은 나무〉**
> 1976년 3월에 창간된 월간 종합 잡지이다. 전통 규범 문화와 토박이 민중문화를 지켜가는 이들의 이야기를 담는다는 취지로, 5년간의 연구를 거쳐 창간호가 발행되었다. 매호 우리 고유문화의 전통 맥을 지키며 사회의 발달과 변천에 맞는 새로운 문화를 찾아내었다. 어려운 한자말이나 외래어가 아니라 지방의 순수한 우리말과 사투리를 글로써서 많은 독자들의 사랑을 받았다. 1980년 군사 정부에 의해 폐간되었다.
>
>
>
> 순천시 낙안면 평촌3길 45 ● blog.naver.com/yoni227 ● 061-749-8855 ● 09:00~18:00 ● 월요일 휴무 ● 주차 가능 ● 찾아가기 : 순천역, 종합버스터미널에서 61, 63, 68번을 타고 낙안읍성 정류장 하차. 약 1시간 10분 소요.

## RESTAURANT
맛집

### 아침식사가 맛있는
# 낙안읍성 1호점

낙안읍성 내의 초가와 돌담을 둘러친 길을 걷다보면 저잣거리 사람들이 간단한 요기를 하고 목을 축이는 주막이 생각난다. 성내에 주막은 없지만 그 기분을 내볼 수 있는 음식점 3곳이 있다. 그 중에서도 1호 식당에서 사극 속의 주막처럼 푸짐한 국밥 한 그릇을 맛볼 수 있다. 국밥에 따라오는 반찬은 백반이 부럽지 않을 정도이다. 김치, 나물 등 정갈하고 감칠맛이 나는 남도의 맛이다. 바람이 선선할 때는 동동주 한 사발과 파전을 먹어도 좋다.

순천시 낙안면 낙안읍성 내, 객사 맞은편 식당가 ● 061-754-6589 ● 06:00~23:00 ● 돼지국밥 7,000원 소머리국밥 8,000원 ● 연중무휴 ● 읍성주차장 이용

### 한정식 못지않은 백반
# 선비촌

낙안읍성 동문 근처에 있는 식당으로, 낙안읍성을 찾는 여행객들에게 오랜 세월 사랑 받아온 곳이다. 여러 매체에 소개되었지만, 그 전부터 입소문으로 유명했다. 정갈하게 차려내는 백반은 값비싼 한정식과 비교해도 손색없어 인기다. 한상 가득 차려진 반찬도 맛있고, 싱싱한 꽃게를 넣은 된장찌개가 특히 일품이다. 간이 세지 않고 감칠맛이 나 해장국으로도 좋다. 깔끔하게 구워낸 생선과 장어요리 등도 맛이 좋다.

순천시 낙안면 삼일로 51 선비촌회관, 낙안읍성 버스정류장 ● 061-754-2525 ● 10:00~21:00 ● 백반 12,000원, 떡갈비정식 1인 19,000원 ● 연중무휴 ● 주차 가능

## ACCOMMODATION
숙박

순천시 낙안면 충민길 67 ● 홈페이지 순천 놀러와 www.nolowa.kr ● 061-754-3305 ● 주중 주말, 성수기 비성수기 동일 50,000원 ● 14:00~11:00 ● 조식 불가 ● 주차 가능

**할머니 집에 놀러가듯**
### 나리 민박

작은 간판을 유심히 보지 않으면 그냥 지나칠지도 모를 초가민박이다. 살가운 아주머니가 손님을 버선발로 맞이하는 나리민박은 자갈이 깔린 마당과 돌담을 따라 장독대와 함께 소담하게 가꾼 화단이 어여쁘다. 마당에는 장판을 깐 평상이 놓여 있어 어린 시절 시골 할머니 댁에라도 온듯하다.
초가집은 오래되었지만 주인의 부지런한 손길 덕분에 반질반질 윤이 난다. 안채와 별채에 객실이 있고, 자녀와 손자 사진이 액자에 가득한 안채 방도 이채롭다. 방마다 에어컨과 텔레비전이 있고, 욕실 등 편의시설도 잘 갖추어 놓아 초가민박의 불편함은 걱정하지 않아도 된다.

### 아기자기한
## 대추나무집 민박

돌담과 대나뭇살로 만든 대문 너머로 가지를 뻗은 나이 지긋한 대추나무가 풍성한 잎사귀로 여행객들을 맞이하는 곳이다. 반질반질한 마루에 앉으면 마당을 가로지르는 빨랫줄에 널린 이불에서는 향긋한 빨래 냄새가 나고 민박집 근처 풀밭에서 나는 풀벌레 소리에 마음이 편안해 진다. 친절한 아주머니가 운영하는 대추나무집 민박은 방이 3개지만 아기자기하고 깔끔하게 정돈되어 있다. 별채뿐만 아니라 안채에 딸린 방도 공사를 해 욕실이 완비되어 있다.

순천시 낙안면 읍성안길 17 ● 순천 놀러와 www.nolowa.kr ● 061-754-6592 ● 비수기 주중. 주말 40,000원 / 성수기 주중 주말 50,000원(추가요금 10,000원) ● 14:00~11:00 ● 조식 불가 ● 주차 가능

---

### 낙안고을 이방이 살던 집
## 이방집 민박

낙안읍성 주민들이 꼽는 대표 민박집이다. 고을 이방이 살던 곳이라 이방집이라고 하는데, 8개의 객실 중 1~3번 방이 있는 안채는 중요민속자료로 등록되어 있다. 19세기 중엽에 건축된 것으로 추정되는데, 조선 후기 지방 토호 가옥의 전형적인 구조를 보여준다. 향리의 집이었던 만큼 읍성 내에서 가장 멋부린 집으로 손꼽힌다. 남서향 건물에 안채 정면 4칸과 아래채가 있다.
1~3번 방은 약간의 불편함은 있지만 100년도 넘은 집에서 하룻밤 머문다는 것도 의미가 있을 듯하다. 별채 객실은 욕실이 완비되어 있고, 취사가 가능한 곳도 한곳 있다. 낙안읍성 내에 취사가 가능한 민박집은 거의 없어, 꼭 취사가 필요하다면 이방집을 기억하자. 다른 민박에 비해 공간이 넓어 일행이 많거나 가족 여행객에게 좋다.

순천시 낙안면 충민길 33-1 ● 순천 놀러와 www.nolowa.kr ● 010-3627-6632 ● 40,000~50,000원 (추가요금 5,000원) ● 14:00~11:00 ● 조식 불가 ● 주차 가능

드넓은 갯벌과 아름다운 포구 여행

## 순천만

순천만 생태공원, 와온해변, 화포해변

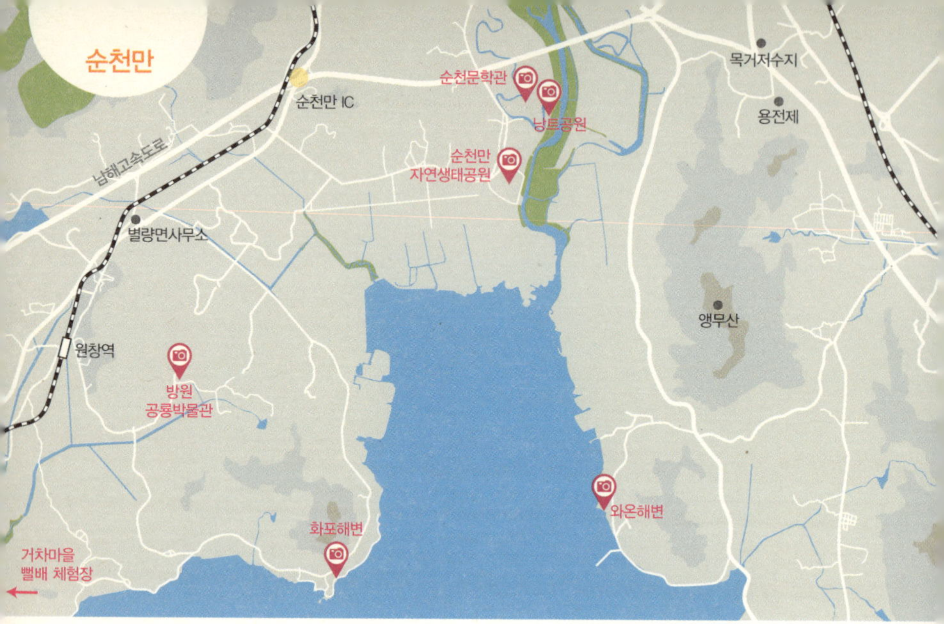

# 순천만

❖ 어떻게 갈까?

**순천역, 순천종합버스터미널 → 순천만 생태공원**
- 버스 : 66, 67번을 타고 순천만 정류장에서 하차. 약 40분 소요.
- 택시 : 약 25분 소요. 요금은 약 11,000원.

순천만도 넓어 도보로만 다니기에 조금 힘들 수 있다. 《순천 여행 레시피》에서는 추천 코스마다 대중교통 이용법을 안내해 두었다. 이를 참고하여 알찬 여행을 해보자.

## 추천 코스

**뚜벅이족을 위한 코스**
순천만 문학관 — 도보 3분 → 낭트 정원 — 도보 30분, 혹은 버스 10분(66번, 67번) → 순천만 자연생태공원

**차량 이용 코스**
화포해변 — 차량 약 30분 → 순천만 문학관 — 도보 3분 → 낭트 정원 — 차량 약 5분 → 순천만 자연생태공원 — 차량 약 40분 → 와온해변

## 지친 마음을
## 어루만져주는 곳
# 순천만

순천만을 보지 않고 순천을 보았다 할 수 없을 정도로, 순천을 대표하는 여행지이다. 20대 '내일로' 여행자에게 여행의 성지로 꼽히고, 대한민국에서 꼭 가봐야 할 대표 명소 중 하나로 꼽히는 순천만. 2012년에는 세계적인 여행안내서 〈미슐랭 그린가이드〉가 최고 점수인 별 세개를 준, 국내 최고의 생태관광지이다.
순천만은 고흥반도와 순천반도로 에워싸여 있다. 보통 순천시에 해당하는 북쪽 75㎢의 넓은 해수면만을 순천만이라 한다.

2568㏊의 넓은 갯벌과 갈대, 철새가 조화를 이룬 청정한 자연에 짱뚱어와 꼬막, 바지락이 자라고 흑두루미 등 철새들이 쉬어가는 곳이자, 어부들의 오랜 삶의 터전이기도 하다.
순천만은 일출과 일몰이 특히 아름답다. 바다가 온통 황금빛으로 타오르는 듯한 풍경은 마음속 온갖 상념을 모두 걷어내는 듯하다. 흔들리는 청춘들은 성장통의 아픔을 위로 받고, 온갖 굴곡을 거쳐온 중년 부부는 겨우내 바짝 말라 청명한 소리를 내는 갈대숲에서 위안을 얻는 곳. 갯벌에 물이 빠질 때면 한숨이 사라지고 물이 차오르면 꿈이 다시 차오르는 순천만으로 가자.

- 계절 _ 여름에는 그늘이 없고 햇빛이 강하다. 선크림과, 선글라스, 모자, 양산, 부채, 손수건 등을 꼭 준비하자. 초여름부터 초가을까지는 얼음물 필수! 겨울에도 평균 기온이 영하로 내려가지 않는다. 하지만 칼바람이 불기 때문에 내의를 챙겨입는 것이 좋다. 장갑도 꼭 끼고 다니자.
- 소요시간 _ 순천만 자연생태공원에서 용산전망대까지 오를 경우 천천히 걸으면 2시간 이상 소요된다. 갈대데크부터는 자판기나 매점이 없으니 생수 등 음료는 미리 준비하자. 대대선착장 근처의 매점이 마지막 매점이다.
- 옷차림 _ 순천만 자연생태공원에서 용산전망대로 오르는 길은 험하지는 않지만 엄연히 산길이다. 편한 차림과 운동화가 좋다. 플랫슈즈, 힐을 신은 여성들이 유독 후회하는 코스이기도 하다.
- 교통편 _ 순천문학관과 낭트 정원, 순천만 자연생태 공원은 도보 이동이 가능하며, 다른 여행 지역을 연계하여 여행시 시내 환승을 해야하는 경우도 있다. 와온해변과 화포해변까지 돌아보려면 승용차가 필요하다. 대중교통을 이용하려면 다른 지역과 연계해 여행코스를 잡는 것을 추천한다.
- 식사 _ 순천만 자연생태공원 입구와 와온해변, 화포해변 인근에 식당이 모여 있다. 카페도 많지 않아서 매점을 이용하거나 카페의 위치를 미리 파악해 두는 것이 좋다.

### 갈대가 춤추는
## 순천만 자연생태공원 www.suncheonbay.go.kr

남녀노소 누구라도 순천만 앞에 서면 대자연의 풍광에 말을 잃게 된다. 사람들은 그저 갈대숲을 거닐며 자연 앞에서 너그러워지고 풍요로워진다. 어디론가 훌쩍 떠나 바람을 쐬고 싶은 겨울이나 나풀나풀 원피스가 어울리는 파릇한 여름, 타닥타닥 갈대 베어내는 소리가 울리는 가을, 언제 찾아도 아름다운 곳이다.

순천만은 갯벌면적이 22.6㎢에 이르고 갈대숲은 5.4㎢에 달하는 우리나라 최대의 갈대군락지이자 세계 5대 연안 습지에 꼽힌다. 약 8,000년 전 빙하기가 끝나고 강을 따라 흙과 유기물이 순천만으로 흘러 들고 밀물, 썰물이 만나며 오랜 세월에 걸쳐 지금의 거대한 갯벌이 형성되었다. 순천만 갯벌과 갈대는 남해에서 밀려오는 파도를 잔잔하게 만들고, 순천을 흐르는 동천, 이사천, 해룡천의 퇴적 작용으로 순천만이 형성된다.

순천시 순천만길 513-25 순천만 천문대 ● 061-749-4007 ● 09:00~22:00 (계절에 따라 탄력적 운영) ● 월요일, 설, 추석연휴 휴무 ● 어른 7,000원, 청소년 5,000원, 어린이 3,000원(순천만 정원과 통합권 8,000원) ● 선상투어, 천문대 별빛체험 가능 ● 주차 유료 ● 찾아가기 : 순천역, 종합버스터미널에서 67, 66번 버스를 타고 순천만 정류장 하차. 택시로 약 25분 소요. 요금은 약 11,000원

순천만은 우리나라에서 유일하게 염습지가 남아 있는 갯벌로 보존가치가 높다. 유기영양분의 양과 질이 좋아 뻘의 층이 깊고, 분해성 미생물이 다양하게 서식해 유기물 분해 능력이 뛰어나다고 한다. 순천만은 순천과 여수에 잇닿아 있는데, 순천시에 속한 하구 지역은 순천만, 여수시 여자도와 고흥군 장도를 포함한 바다는 여자만이라 한다.

 여행tip

* 순천만에서 봄에는 철새의 비상, 여름은 짱뚱어와 갯벌, 가을에는 칠면초와 갈대, 겨울에는 200여 종의 철새를 볼 수 있다.
* 순천만 정원과 순천만 생태공원을 모두 둘러보려면 통합티켓 (8,000원)을 구매하면 된다. 통합입장권 소지자는 사전예약제 제외.
* 2015년 4월부터 사전예약제를 시행한다. 1일 1만명으로 한정하여 홈페이지에 사전예약한 경우 입장할 수 있다.

### 순천만 자연생태공원 주요 시설

### 자연생태관

순천만의 다양한 생태자원 보존과 학술적 연구, 생태학습을 위한 공간이다. 전시실과, 영상관, 생태교실 등이 있고, 갯벌 관찰장이 있어 생태학습장으로 활용된다. 전시실에는 흑두루미의 순천만살이를 테마로 한 순천만 갯벌과 철새가 전시되어 있어 전 세계 철새에 대한 이해를 돕는다.

08:00 ~ 18:00. 일몰시간에 따라 계절별 탄력적 운영. 일몰 후 천문대 입장 시 자연생태관 입구에서 매표 가능

### 순천만 천문대

우리나라 천문대 중 드물게 평지에 있다. 천체 투영실과 과학문화재가 전시되어 있어 앙부일구, 첨성대, 풍기대, 측우기, 수표 등의 모형을 직접 볼 수 있다. 망원경이 비치 되어있어 천문을 볼 수 있다. 천문대 야외에서는 계절별로 별빛체험을 운영하는데, 홈페이지를 통해 월별, 일별 일몰시간과 운영시간을 확인하고 체험에 나서보자. 별빛체험은 약 1시간 동안 운영되며 영상 관람 및 해설과 관측으로 이루어진다. 날씨 때문에 관측이 불가능할 경우 야광 별자리판 만들기 및 영상체험으로 대체된다.

예약 및 자세한 정보 : 순천시 통합예약시스템 http://yeyak.suncheon.go.kr/yeyak ● 순천만 생태공원 입장권을 제시하면 이용 가능. 관람시간 이후에는 관람료의 50% ● 야간관측은 22:00까지. 10분전까지 생태관 입구에서 등록 확인할 것 ● 기상 관계로 관측이 취소될 수 있다 ● 체험 회차 당 5명 이상의 인원 신청 시 운영

### 자연의 소리 체험관

국내 유일의 자연소리 체험관이다. 순천만을 찾는 철새와 갈대에 묻어나는 바람소리, 시냇물 소리, 순천만에 서식하는 동물 소리 등을 들어볼 수 있다. 또한 새소리와 자연의 소리를 이용해 나만의 음악을 만들거나 게임으로 즐길 수도 있다.

09:00~18:00 ● 순천만 자연생태공원 입장객 무료 이용

### 용산전망대

순천만 갯벌의 아름다운 S자 수로를 가장 잘 볼 수 있는 곳. 순천만의 멋진 장면들은 모두 이곳에서 찍었다고 할만큼, 카메라 든 이들은 무조건 찾는 곳이다. 용이 누운 산마루라 하여 용산전망대라 하는데, 이곳에 오르면 아름다운 갯벌과 멀리 와온해변의 솔섬까지 보인다. 또한 갈대숲을 거니는 사람들의 한가로운 풍경도 그림처럼 여유롭다. 낮 풍경도 좋지만 낙조가 특히 아름답다. 일몰시간에 맞추려면 1시간 30분 정도의 여유를 두고 출발하자. 데크길에서 용산전망대로 가려면 명상하며 걷는 길과 다리 아픈 길 중 선택해야 한다. 가파르지 않은 명상의 길은 아이들도 걸을 수 있는 쉬운 코스이다.

## 순천만 자연생태공원 체험

### 선상투어

갯벌과 갈대 군락 사이로 배를 타고 해설사의 설명을 들으며 철새를 가까이에서 볼 수 있는 체험이다. 조차 시간과 기상에 따라 다르므로 홈페이지를 통해 미리 운항시간을 확인하자.

시간 및 거리 : 왕복 6km 약 35분 ● 코스 : 대대선착장~순천만 S자 갯골~대대선착장 ● 요금 : 어른 7,000원, 청소년 3,000원, 어린이 2,000원 ● 승선인원 5인 이상일 때 운항, 사전예약 불가, 승선신고서 작성 필수

### 노을길 여행

순천만의 천문대에서 천체 관측을 한 다음 순천문학관에서는 김승옥과 정채봉 작가의 문학세계에 관한 설명을 듣고 전통놀이도 즐긴다. 이어 생태체험선을 타고 순천만의 갯벌과 갈대 선상 투어를 만끽한 다음, 갈대숲을 따라 용산전망대까지 트레킹하는 것이 전체 코스이다. 1주일 전에는 홈페이지(tour.suncheon.go.kr)나 전화(061-749-4007, 4008)로 사전 예약해야 한다.

코스 : 순천만 천문대~순천문학관~생태체험선~갈대숲 탐방 ● 운영 및 소요 시간 : 연중 화~금요일(1월 1일, 설, 추석 연휴 제외), 약 5시간 30분(13:00~18:30) ● 예약 : 관광순천 홈페이지(tour.suncheon.go.kr), 전화 (061-749-6052, 6056) 사전예약 ● 5명 미만의 경우 운영 안함 ● 투어비 : 어른 12,000원, 청소년 8,000원, 어린이 7,000원 ● 투어비에 생태체험선과 쉼터 간식비 이용 요금 포함. 주차요금은 별도. 순천자연생태공원 입장권은 참가자 직접 구매 ● 야간 별자리 프로그램 희망자는 추가요금 없이 이용 가능(단 인터넷으로 사전 예약) ● 출발 : 순천만 자연생태공원 매표소 입구

### 순천만 자연생태체험학습

어린이를 위한 단체 프로그램과 개인, 가족 대상 프로그램이 있다. 매달 개인 및 가족단위 방문객을 위한 프로그램은 다르게 운영되므로 홈페이지(tour.suncheon.go.kr)를 통해 확인하자. 겨울에는 생태지도 만들기, 거리 측정해보기, 희귀 철새 관찰을 하고, 봄에는 새집 만들기, 도요새 손수건 만들기와 모심기, 생물 관찰하기 등을 진행한다. 여름에는 식물 세밀화 그리기, 짱뚱어 만들기, 논습지 생물 채집, 가을에는 허수아비 세우기, 갈대 바람개비와 피리 만들기 등의 체험이 있다.

대상 : 개인 및 가족단위 방문객 ● 소요 시간 : 14:00 ~ 17:00 (총 3시간) ● 체험비 : 1,000 ~ 2,000원 (순천만 자연생태공원 입장료 별도) ● 모임 : 순천만자연생태관 ● 신청 : 체험 전일 12:00시 전까지 순천시 통합예약시스템 홈페이지 사전예약(http://yeyak.suncheon.go.kr/yeyak/). 접수 후 참가비 입금으로 선착순 예약 확정 ● 인원 : 1회 30명. 5명 미만일 경우 휴회 ● 현지 사정에 따라 일부 프로그램은 변경될 수 있다.

※ 자세한 내용은 관광 순천 tour.suncheon.go.kr 홈페이지에서 확인할 수 있다.

순천만에 흐르는 글향기
# 순천문학관

세계적으로도 아름다운 풍광을 자랑하는 순천만은 문학의 고장이기도 하다. 순천문학관은 순천을 대표하는 작가 김승옥과 정채봉의 문학세계를 보여주는 곳이다. 넓은 부지 위에 초가집 9동으로 이루어진 문학관은 순천만의 자연과 잘 어울린다.

김승옥관, 정채봉관, 다목적실, 휴게실 등으로 나눠져 있는데, 작가의 육필원고와 저서, 소장도서와 생활 유품도 전시되어 있다. 김승옥관에서는 그의 소설을 원작으로 한 영화를 상영하여 흥미를 더한다. 문학관 입구의 도서관에서는 김승옥과 정채봉의 작품들이 있어 잠시 쉬어가며 읽거나 구매도 가능하다.

순천시 무진길 130(교량동), 순천만 생태공원 인근 ● 061-749-4393 ● 하절기 09:00~18:00, 동절기 09:00~17:00 ● 1월 1일, 설날, 추석, 매주 월요일 휴관 ● 무료 관람 ● 주차 가능 ● 찾아가기 : 버스 - 순천역, 종합버스터미널에서 66, 67번을 타고 신석정류장 하차. 택시비 약 11,000원

### 소설가 김승옥

1941년 일본 오사카에서 태어났다. 1945년 귀국 후 순천에서 자랐다. 순천고등학교를 졸업하고 1960년 서울대 불어불문학과에 입학, 1962년 신춘문예에 단편 〈생명연습〉으로 등단하였다. 순천을 배경으로 한 단편 소설 〈무진기행〉과 〈1964년 겨울〉 등 여러 단편을 썼다. 〈영자의 전성시대〉, 〈내일은 진실〉 등 다수의 시나리오를 썼고, 김동인 소설 원작인 〈감자〉로 감독 데뷔하기도 했다.
1980년 광주민주화운동으로 절필하고, 1981년부터 신앙생활에 몰두하였다. 2003년 뇌졸중으로 쓰러진 후 2004년 재기하여 《내가 만난 하나님》을 발표하였다.

## 동화작가 정채봉

1946년 순천 해룡면 바닷가 마을에서 할머니 아래 자랐다. 초중고를 순천에서 보낸 아동 문학가로, 동아일보에 〈동화꽃다발〉이 당선되어 등단하였다. 그의 동화는 어린이뿐 아니라 어른에게도 큰 인기를 얻어 침체되었던 성인 아동문학 장르를 열었다고 평가받는다. 한국 아동문학을 부흥시킨 작가로, 대표작 《오세암》은 설악산의 암자 오세암에 전해오는 이야기를 동화로 재구성한 작품이다. 다섯 살 아이의 천진무구한 마음이 곧 불심이라는 것을 보여주며 현대인들에게 순수한 시절로 돌아가기를 권하는 내용이다. 2003년에는 애니메이션으로 만들어졌다.

## 순천만갈대축제

매년 9월 말에서 10월 초가 되면 순천만 정원과 순천만, 동천 일대에서 축제가 열린다. 자연의 보고인 순천만에서 자연과 인간이 어우러지는 것을 테마로 한다. 폐막식에서 횃불봉송과 축제 기간에 행사장을 찾은 이들의 소원을 담은 갈대소원탑을 태우는 장면이 특히 멋지다. 학술 심포지엄, 무진기행 백일장 대회, 음악회, 가요제 등 다양한 행사와 공연이 열린다.

순천만 갈대축제의 즐거움이라면 평소에 할 수 없는 다양한 체험이다. 해설사와 함께 새벽에 순천만일대를 돌아보는 새벽투어와 순천만 힐링 투어, 사진작가와 함께하는 생태체험, 문학기행 등은 신청이 조기 마감될 정도다. 각 프로그램마다 신청방법과 참가비는 다르므로 홈페이지 reeds.suncheon.go.kr를 참고하자. 축제기간 중 순천만 정원, 웃장, 낙안읍성 등을 오가는 셔틀버스가 운행된다.

순천만 일원, 동천 일원 ● 자세한 행사 일정은 홈페이지 reeds.suncheon.go.kr ● 061-749-5502 ● 주차 가능

꽃이 피고 포도가 열리는
# 낭트 정원

순천문학관에서 가까운 이곳은 순천시와 프랑스 낭트시가 우호협력사업을 기념하기 위해 조성한 공원이다. 오월이면 골든 플러쉬, 마닐라퍼퓸, 시에스타, 아스피린로즈 등 30여 종의 장미가 가득 피고, 여름이면 포도가 열려 순천만을 찾는 이들의 걸음을 사로잡는다.

낭트공원의 이색 볼거리는 '빨래배'이다. 이름 그대로 빨래를 하고 말리는 시설을 갖춘 배이다. 20세기 초 유럽은 수도 시설이 부족해 사람들은 강가 빨래터를 찾아 다녔는데, 빨래배가 그 역할을 대신한 것이다. 낡은 배를 개조해 강물을 끌어 올려 끓이는 시설이 있고, 빨래 건조 공간도 따로 있다. 이동하기 보다 한 곳에 정박해 빨래터 역할을 했다고 한다.

낭트 정원의 빨래배는 현재 카페로 운영하는데, 유럽에서 즐겨 마시는 겨울철 음료인 뱅쇼를 맛볼 수 있다. 뱅쇼는 프랑스어로, 뱅(Vin)은 '와인', 쇼(Chaud)는 '따뜻한'이라는 뜻이다. 감기 예방 효과도 있어 겨울이 추운 독일지역과 스칸디나비아 지역에서 약처럼 마신 것에서 유래한다.

순천시 대대동 1-3번지 일원(절강부지), 순천만 문학관 인접 ●09:00~18:00(계절에 따라 탄력적 운영) ●월요일 휴무 ●무료 입장 ●주차 가능 ●찾아가기 : 버스 - 순천역, 종합버스터미널에서 66, 67번을 타고 신석정류장 하차. 택시비 약 11,000원

### 해를 보내는 곳
# 와온해변

순천시 해룡면 와온길 133 와온관광
문화관 ●061-749-3107 ●주차 가능
● 찾아가기 : 버스 - 순천역과 종합
버스터미널에서 98, 99번을 타고 와
온정류장 하차. 택시비 약 17,000원
●돌아갈 때도 내린 곳에서 버스를
탄다. 40~50분에 한 대씩 운행.

일상의 무거움과 고민을 툭 털어버리고 싶을 때 평온한 포구의 일몰을 만나러 가자. 무거웠던 시간을 훌훌 털어 보내기에 이 보다 좋은 시간과 장소는 없을 듯하다. 순천만을 거닐며 마음을 다스렸다면 와온해변에서 찌꺼기처럼 남아있는 잡다한 상념을 모두 털어내자. 와온해변은 순천만 동쪽 바닷가이다. 소가 누워있는 형상이어서 와온이라 불리는데, 끝없는 갯바람과 갯벌을 원없이 즐길 수 있다. 마을 사람들은 10월부터 5월까지 갯벌에서 가장 정직한 노동으로 꼬막을 캔다. 그래서 생전의 박완서 선생은 '봄날의 꽃보다도 와온 바다의 개펄이 더 아름답다.'고 했다. 솔섬 사이로 지는 와온의 일몰은 순천의 으뜸가는 풍경 중 하나이다.

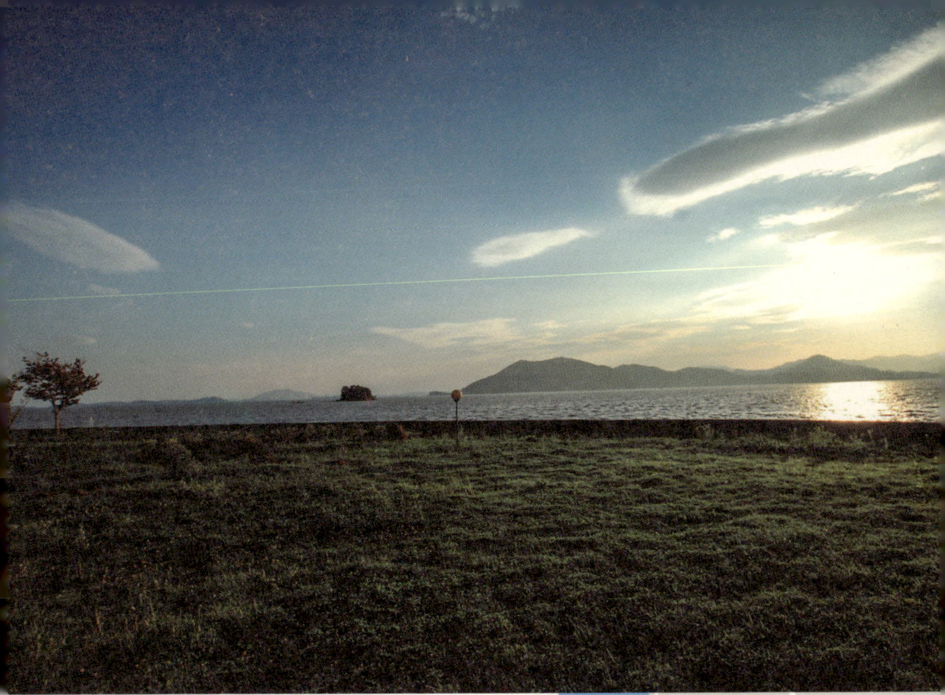

솔섬은 학이 납작 엎드린 모양이라 학섬, 엎어진 밥상을 닮았다 하여 상(床)섬이라고도 한다. 지금은 무인도이지만 예전에는 주막이 있어 꼬막철이면 뻘배를 타고 나갔던 어부들이 목을 축이던 곳이다.

일몰이면 해가 뒷짐을 지고 솔섬 뒤로 멀어지면서 온 천지를 황금빛과 붉은 빛으로 물들인다. 여름은 붉고 푸른빛으로, 한겨울에는 황금빛으로 물드는 일몰은 직접 보지 않고는 표현하기 힘들만큼 아름답다. 이 풍경을 카메라에 담기 위해 계절을 가리지 않고 많은 사진가들이 찾는다.

해변에 아담한 와온공원이 있고 정월대보름이면 풍어제와 용왕제를 올린다. 최근에는 와온해변에서 용산전망대로 이어지는 나무 데크길이 만들어졌다. 와온마을은 해양 수산부가 지정한 어촌체험마을이기도 하다.

놀펜션
놀카페
와온 공원
순천만나폴리
순 천 만
※이 일대 버스는 순환버스로 모든 정류장에서 순천 시내로 이동이 가능하다.

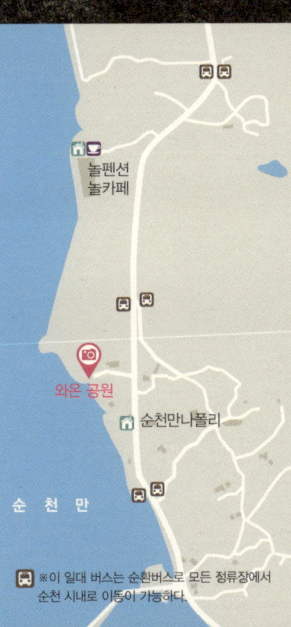

반가워요, 오늘
# 화포해변

여행에서 느긋한 아침을 맞는 것도 좋지만, 순천만에서는 조금 이른 아침을 준비해 보자. 화포는 순천에서 손꼽히는 해돋이 명소로, 하늘도 바다도 온통 붉게 물드는 일출 풍광은 잊을 수 없는 추억이 될 것이다. 순천만 서쪽에 위치한 화포해변은 여수시와 고흥군, 보성군 바다와 만나는 곳으로, 해안도로 언덕에서 벌교와 여수 앞바다까지 다 보이는 전망이 탁월하다.
뻘에 박힌 장대와 섬 사이로 해가 떠오르고 뻘 위에 덩그러니 놓인 배가 풍경을 더하면 어디서도 볼 수 없는 멋진 장면을 카메라에 담을 수 있다. 여수 앞바다까지 훤히 눈에 들어차는 해변에서는 매년 해넘이와 해돋이 행사가 열린다.

봄에는 소나무와 대나무밭 사이에 진달래와 개나리가 피어 '해서화등'이라 부르고, 그 아래에 자리한 포구여서 화포라 한다. 화포 갯벌에는 맛 좋기로 소문난 세발낙지와 꼬막과 바지락 등이 잡힌다. 겨울철이면 꼬막과 바지락을 먹으려는 철새와 이를 쫓는 어민들이 한바탕 전쟁 아닌 전쟁을 치르는 장면도 이색 풍경이다.
화포에는 1930년대 일본인들이 금을 채취하기 위해 뚫어 놓은 꽤 긴 동굴이 있는데, 서늘한 기운이 감돌아서 한 여름에는 피서지로 좋다.

순천시 별량면 학산리 ● 061-749-3107 ● 주차 가능 ● 찾아가기 : 버스 - 순천역, 종합버스터미널에서 81, 82번을 타고 화포정류장 하차, 택시비 약 16,000원. 81, 82번은 순환버스이나 화포를 지나는 방향이 다르므로 정류장을 잘 확인하자 ● 택시는 시외요금이 적용된다. 택시로 순천만 자연생태공원까지 가서 시내로 가는 버스를 타는 것도 방법이다. 콜택시는 별량 택시 061-742-7863가 가장 빠르다. 다만 일요일에는 운행 차량이 1대뿐일 때도 있으니 시간을 넉넉히 둔다.

갯벌치고 칠게 잡고
# 거차 뻘배 체험장
geocha.co.kr

순천만의 바닷물이 빠지고 뻘이 드러나면 바다생물이 뭍으로 나와 어촌 아낙네의 바구니를 가득 채운다. 드넓은 바다를 품고 사는 포구 주민들이 수평선을 닮은 넓은 마음으로 삶의 터전을 기꺼이 체험공간으로 내어준 곳이 있다. 순천시가 지정한 어촌체험마을인 거차에서 갯벌을 누비며 마음껏 바다 생물들을 만날 수 있다. 뻘배타기가 대표적인 체험으로, 뻘에서 꼬막이나 낙지를 잡을 때 발이 빠지지 않고 이동하는 판자로 만든 배를 뻘배라고 한다.

매년 5~10월이면 거차 뻘배 체험장에서 뻘배를 타고 갯벌로 나가 칠게, 짱뚱어, 갯고동 등을 잡는 체험을 할 수 있다. 여름에는 에어미끄럼틀, 캠핑장이 있어 어른과 아이들 모두 즐겁게 놀 수 있다. 갯벌에서 흔한 칠게가 가장 많고, 망둥어과에 속하는 짱뚱어 잡기와 갯고동 체험은 누구나 할 수 있다. 20인 이상일 경우 꼬막잡기 체험도 가능하다. 체험장에는 체험용 티셔츠와 반바지, 스타킹 등을 유료로 빌려주고, 샤워시설도 완비되어 있다.

순천시 별량면 거차길 130, 85번 버스 종점 거차정류장 인접 ● 061-742-8837 ● 10:00~18:00(물때에 맞춰 운영) ● 11~4월까지 휴무 ● 체험비 어른 10,000원 청소년 7,000원 ● 체험시간 약 2시간 ● 주차 가능 ● 찾아가기 : 버스-순천역과 버스터미널에서 85번 버스를 타고 거차정류장 하차. 택시비 약 18,000원

여행 tip

▶ 준비물 : 스타킹, 긴팔티셔츠, 반바지 등 여벌옷, 모자, 수건 및 간단한 세면도구

▶ 체험용 여벌옷은 천원에 빌릴 수 있다. 스타킹도 대여 가능

▶ 주의 사항 : 아쿠아 슈즈나 장화를 신지 않고 들어가기 때문에 스타킹과 긴 양말을 신도록 한다. 맨발은 상해의 우려가 있다.

▶ 뻘배 반납후 샤워장에서 씻는다.

▶ 거차마을은 순천만 포구마을 중에서도 갯벌과 바로 이어져 있고, 물길을 가장 잘 볼 수 있어 갯벌체험장으로 강추한다.

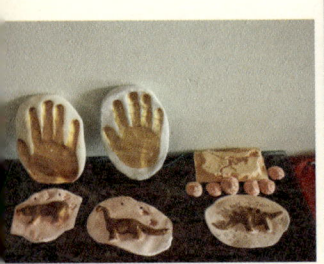

**폐교가 살아있다!**
# 방원 공룡박물관

시골 학교의 놀라운 변신. 폐교가 이색 공룡박물관으로 재탄생하였다. 2000년에 폐교된 별량남초등학교를 여수문화방송 순천지사장을 지낸 서정호 씨가 민간 박물관으로 만들었다. 서 관장은 1996년 대규모 공룡 전시회인 '쥬라기 대탐험전'을 유치하면서 자연사 전문가 김동섭 박사와 인연으로 김동섭 박사의 기증품과 퇴직금으로 방원 공룡박물관을 개관하였다. 공룡자료 1,650점, 희귀화석 600여 종 등 1만 7,000여 점을 전시하고 있다. 실물크기의 공룡 뼈 모형 3마리와 공룡 모형 101종 1,260마리, 별똥 별(운석) 36종 3만여 점은 교체해 가며 전시한다. 그외 어린이 체험학습 기자재는 마을 주민들이 기증한 것이다. 아담한 박물관에는 어린이들이 많이 찾고 있어 다도예절, 캠핑체험, 도자기, 천연염색 체험장 등을 운영하고 있다. 버스는 하루에 두 대 밖에 다니지 않는다.

순천시 별량면 대곡길 130 ● dino.alltheway.kr ● 061-742-4590 ● 10:00~17:00(매표 및 입장 마감시간 16시) ● 매주 월요일과 1월1일, 설날, 추석 당일 휴무 ● 어른 3,000원, 초·중·고생 2,500원, 유치원생 2,000원 ● 공룡화석, 다도예절, 도자기, 천연염색 체험 있음 ● 주차 무료 ● 찾아가기 : 버스 - 순천역, 종합버스터미널 81, 82번을 타고 이미정류장 하차. 택시비 약 14,000원

# RESTAURANT
맛집

## 푸짐한 남도 밥상
## 순천만 일번가

순천에서도 가장 사랑받는 여행지인 순천만 자연생태공원 인근에는 대형 식당가가 형성되어 있다. 그중 순천만 일번가는 다양한 매체에도 소개된 맛집으로 가장 유명한 곳이다. 순천만 인근에서 많이 잡히는 짱뚱어와 꼬막 정식이 순천만 일번가의 대표 메뉴다.

꼬막 정식에는 양념 없이 쪄낸 꼬막과 꼬막무침, 꼬막회무침, 꼬막전, 꼬막 탕수육 등 여러 꼬막 요리와 함께 짱뚱어구이가 함께 나와 순천의 갯벌을 모두 맛볼 수 있다. 전라도 음식의 푸짐함과 깊은 맛을 느낄 수 있는 메뉴이다. 아예 비벼 먹을 수 있도록 넓은 그릇에 밥이 나와 꼬막회무침과 김가루, 참기름, 고추장을 넣고 비비면 순천의 별미인 꼬막 비빔밥이 된다.

먹을거리가 많지만 꼭 음미해봐야 할 반찬은 칠게볶음이다. 순천만의 뻘에서 자생하는 칠게는 순천에서 맛볼 수 있는 숨은 별미이다.

순천시 순천만길 520, 순천만 자연생태공원 입구 맞은편 ● 061-745-2100 ● 07:30~21:00 ● 꼬막정식 15,000원 ● 연중무휴 ● 주차 가능

새콤달콤 쫀득한 꼬막초무침이요~

순천 갯벌에 사는
짱뚱어 탕은
진한 국물이 최고!

### 짱뚱어탕으로 든든한 아침 식사
# 순천만 정문식당

순천만을 대표하는 음식인 짱뚱어. 갯벌에서 구멍을 파고 사는 갯벌 물고기인 짱뚱어는 순천만을 걷다보면 쉽게 만날 수 있다. 구이로도 많이 먹지만 탕으로 먹어야 뼈째 짱뚱어를 맛볼 수 있다. 짱뚱어탕은 전남의 향토음식으로 전주비빔밥처럼 순천 짱뚱어탕이라 불린다. 짱뚱어 삶은 물에 된장을 풀고 고춧가루, 무청 시래기, 대파, 고사리 등을 넣어 끓이다가 다진 마늘과 생강을 넣어 한번 더 끓여낸다. 순천만 정문식당은 전라도식 추어탕처럼 짱뚱어를 갈아 넣어 뼈까지 거부감 없이 맛볼 수 있다.

순천만 자연생태공원 주차장 인근에 위치해 있어 접근성도 좋다. 내부는 넓은 홀로 되어 있어서 개인과 단체 모두 갈 수 있는 곳이다. 주말에는 이른 아침에 문을 열어 순천만 아침 산책을 하고 식사를 하기에도 좋다.

순천시 순천만길 492, 순천만 자연생태공원 입구 맞은편 ● 061-746-8200 ● 평일 09:00~21:00 금토일 07:30~21:00 ● 짱뚱어탕 10,000원 ● 연중무휴 ● 주차 가능

반찬으로 나온
닭백숙 반 마리

순천시 순천만길 542. 순천만 자연생태공원 입구에서 도보 5분 ●
061-741-3157 ● 08:30~21:00
꼬막정식 15,000원(2인 이상 주문)
짱뚱어탕 11,000원 ● 명절 휴무 ● 주차 가능

## 닭백숙이 반찬으로 나오는
# 대대선창집

순천만 입구의 식당에 위치한 대대선창집. 순천의 대표음식인 짱뚱어탕과 꼬막정식이 주된 메뉴이다. 이를 주문하면 상위에는 산나물과 밤, 고구마에 갯벌에서 난 꼬막과 짱뚱어, 가자미, 김치 등 산과 들, 바다에서 나는 것들로 꽉찬다. 거기에 젓갈과 닭백숙 반 마리가 턱하니 올라오면 전라도 백반 좀 먹어봤다 하는 이들도 입이 떡 벌어질 지경이 된다.

일행이 서너 명이라면 인기 메뉴인 꼬막정식과 짱뚱어탕을 섞어서 주문하면 골고루 맛볼 수 있다. 짱뚱어탕은 짱뚱어 특유의 흙냄새를 순화시켜 처음 맛보는 이들도 먹기 좋다. 얼핏 추어탕과 비슷한데, 보다 깊고 진한 맛이다. 꼬막정식에는 꼬막전, 꼬막무침, 삶은 꼬막이 나오고, 꼬막무침은 꼬막이 가득해 골라먹기에 바쁠 정도이다. 전라도의 음식 인심을 느낄 수 있는 메뉴이다.

남은 반찬이나 음식은 포장을 부탁하면 비닐을 챙겨준다. 식당 규모가 커 단체 손님도 많지만 독립된 방으로 되어 있어 번잡하지 않다. 영업시간을 물어보니 "맛도 없는데 또 오려고?"라며 유쾌한 농담도 건네는 친절한 집이다.

## CAFE & DESSERT
### 카페 & 디저트

### 땅 위에 정박한 배
# 낭트정원 빨래배 카페

순천만 자연생태공원과 가까운 낭트정원에 있는 카페다. 유럽의 목조선이자 세탁선인 빨래배를 개조한 카페로, 순천시에서 운영하고 있다. 높지 않은 천정과 바닥을 모두 녹색으로 칠해 꼭 포도밭에 들어온 것만 같다. 낭트정원이 프랑스 낭트시와 우호협력사업을 기념하며 조성된 만큼 이곳의 대표 메뉴는 역시 와인음료인 뱅쇼다. 추운 유럽의 겨울 감기예방으로 즐겨 마시는 따뜻한 음료인데, 전주의 모주와 비슷하다. 뱅쇼는 와인에 오렌지와 사과 등의 과일과 정향, 계피를 넣어 끓여낸다. 빨래배 카페에는 사계절 뱅쇼를 즐길 수 있는데 여름 차가운 뱅쇼도 별미이다.

순천시 대대동 1-3번지 일원(절강부지), 순천만문학관 인접 ● 09:00 ~ 18:00(계절에 따라 탄력적 운영) ● 뱅쇼 3,500~4,000원 빙수 7,000원 ● 월요일 휴무 ● 주차 가능

### 철새가 그림처럼 날아가는 풍경
# 도솔

순천만 자연생태공원 근처의 갤러리 겸 카페다. 1층은 갤러리로 순천 작가들에게 저렴한 비용으로 전시공간을 내어 주는데, 3개월마다 전시 작품이 바뀐다. 2층 카페는 고미술품과 전통장, 서까래 등을 소품으로 활용해 전통적인 느낌도 있고, 빈티지한 테이블, 전등 등의 현대적인 느낌이 공존한다.
순천만쪽으로 창이 넓게 나있어 넓은 갯벌과 인근 농촌 풍경까지 한눈에 조망할 수 있다. 특히 철새가 찾아드는 가을, 겨울에는 새들의 무리가 병풍처럼 펼쳐진다. 철새와 갈대 풍경을 보노라면 마음이 평온해진다.
에스프레소를 달콤하게 즐길 수 있는 아포카토와 예쁜 그림이 그려진 라떼를 맛보자.

순천시 대대동 220-4, 순천만 자연생태공원 버스정류장 근처●061-751-0011●11:00~22:00●커피류 4,000~6,000원●연중무휴●주차 가능

### 와온 해변 최고 전망
# 카페 놀

순천만의 아름다운 와온해변에 위치해 순천의 명소로 손꼽힌다. 놀 카페에서는 와온해변공원보다 더 멋진 와온해변의 풍경을 볼 수 있다. 토끼풀로 가득한 넓은 마당에 저녁이 오면 온통 붉게 물들고, 솔섬도 가장 가까이에서 조망할 수 있다.

카페는 멋진 풍경을 그대로 살려 창을 넓게, 많이 냈다. 날씨가 좋은 날은 통유리 창을 모두 열어 노천카페로 변신하기도 한다. 갤러리 공간도 있어 신인작가들의 그림을 전시하고 있다. 버스정류장과도 가까워 와온해변의 쉼터이자 조망대 역할을 톡톡히 한다.

순천시 해룡면 와온길 92-1, 와온해변공원 인근, 와온정류장(버스) ● 061-723-0150 ● 10:30~21:00 ● 커피류 4,000~5,000원, 팥빙수 6,000~10,000원, 스무디 5,000원 ● 연중무휴 ● 주차 가능

## ACCOMMODATION
숙박

### 순천만 생태공원 유일의 도미토리
# 무진펜션 게스트하우스

www.moozin.co.kr

순천만의 이른 아침 갯벌 위로 자란 갈대 숲 사잇길을 산책하고, 안개가 자욱한 길을 걸으며 나만의 특별한 무진기행을 꿈꾸는가? 밤에는 풀벌레 우는 소리를 들으며 별을 헤어 보고 싶다면 순천만 생태공원에서 하룻밤을 묵어가자.

순천만 자연생태공원 근처에 최근 펜션이 많이 생겨나 숙박 걱정은 없다. 펜션이 대부분이지만 무진펜션 게스트하우스가 유일하게 도미토리룸을 운영하고 있어 나홀로 여행객에게 추천한다. 깨끗한 침구와 튼튼한 이층침대가 넓게 배치되어 있다. 주방이 있고, 편의점도 운영하고 있어 필요한 물품을 바로 구매할 수 있어 좋다.

욕실과 화장실은 공용으로 샤워시설이 잘 정비되어 있어 여유있게 이용할 수 있다. 소담한 펜션도 함께 운영하는데, 잔디마당에 야외 테이블도 비치되어 있다. 캠핑 기분도 살짝 느껴볼 수 있다.

순천시 순천만길 560, 순천만 생태공원 인근 ● 061-746-6677 ● 도미토리룸 주중·주말 15,000원, 펜션 주중 4만~20만원 주말 6만~25만원 ● 15:00~10:00 ● 조식 유료 제공 ● 주차 가능

# 앞으로 너른 들이 펼쳐진
## 순천만 풍경펜션

순천만
생태공원

www.suncheonbay.kr

순천만 자연생태공원 입구에서 도보 3분 거리의 펜션이다. 방문을 열면 순천만 s자 곡선 서쪽의 너른 평야가 펼쳐지는 최고의 전망을 자랑한다. 봄이면 파릇한 벼와 여름이면 푸르게 일렁이는 들판을, 가을이면 누렇게 익어 고개를 숙이는 벼들이 바람에 소리를 낸다. 진짜 경치는 겨울이다. 펜션 마당 앞으로 흑두루미 재두루미 등 철새들의 군무가 펼쳐진다. 가을 갈대축제가 열리는 주간과 주말이면 순천만 자연생태공원 일대는 거의 주차장이 된다. 이곳에서 묵고 아침 일찍 순천만 자연공원을 둘러보는 것이 좋다.

펜션은 전통한옥과 목조주택, 노출콘크리트의 모던 2층 주택까지 3개의 스타일로 되어 있다. 따뜻한 구들장이 필요하다면 전통한옥을, 일행이 많거나 주방이 꼭 필요하다면 현대식 모던주택을 선택할 수 있다. 추가 비용을 내고 바비큐를 즐길 때 텃밭의 야채는 무료 제공된다. 방마다 중앙난방 또는 개별난방으로 다르며, 이불 등 필요한 것은 관리실로 이야기하면 친절하게 응해준다. 개미나 여름 벌레가 있을 수 있으니 방 안에 비치된 퇴치제를 이용하자. 요금은 비수기와 성수기, 순천만 축제기간과 가을로 나뉜다.

순천시 순천만길 696, 생태공원 입구 도보 3분 ● 연락처 : 010-4299-2289 ● 요금 비수기 42,500원~25만원 성수기 7만~30만원 ● 이용시간 15:00~11:00 ● 조식 불가 ● 주차 가능

### 일몰이 명화처럼 걸려있는

## 놀 펜션

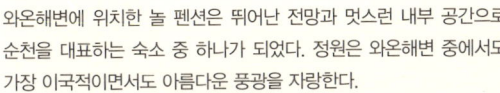
와온해변

**http://놀펜션.kr**

와온해변에 위치한 놀 펜션은 뛰어난 전망과 멋스런 내부 공간으로 순천을 대표하는 숙소 중 하나가 되었다. 정원은 와온해변 중에서도 가장 이국적이면서도 아름다운 풍광을 자랑한다.

놀펜션은 모든 객실에서 와온해변을 볼 수 있다. 큰 창은 그대로 액자가 되어 시간에 따라, 계절에 따라 달라지는 와온해변을 그림처럼 보여준다. 가장 넓은 '나무방'에서 솔섬과 일몰 풍경이 가장 잘 보인다. 방에 따라 온돌 혹은 침대방이 있고, 싱크대도 있다. 인근에 마트나 음식점이 많지 않아 간단하게 만들어 먹을 수 있다. 펜션 1층이 놀 카페여서 해변의 밤을 즐기기에도 좋다.

펜션 건물에 크게 써있는 로고 '놀'은 'ㄴ'이 순천만을 찾는 철새들을, 'ㅗ'는 와온해변의 해수면과 마스코트인 솔섬을, 'ㄹ'은 순천만의 S자 수로의 아름다움을 표현하였다. 순천만을 축약해 놓은 로고로, 놀 펜션의 주인장이 직접 디자인했고, 그림 솜씨도 좋아 숙소로 올라가는 계단과 벽의 그림도 그렸다고 한다.

순천시 해룡면 와온길 92-1, 와온해변, 와온정류장 ● 061-723-0150 ● 비수기 주중 7만~20만원 주말 9만~25만원, 성수기 주중 10만~25만원 주말 13만~30만원 1인 추가 1만원 ● 14:00~12:00 ● 조식 불가 ● 주차 가능

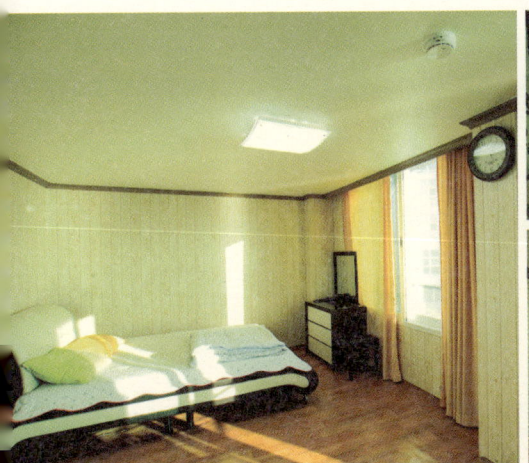

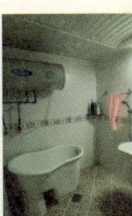

아름다운 절집으로의 여행

# 조계산

송광사, 선암사, 고인돌공원, 일일레저타운

## 어떻게 갈까?

송광사 혹은 선암사에서 출발해 굴목재 트래킹으로 오갈 수 있다. 버스로는 승주읍사무소 정류장에서 환승하면 된다. 택시비는 복합지역요금이 적용되어 꽤 나온다. 시티투어를 이용하여 송광사와 선암사를 둘러볼 수도 있다.

◆ **송광사행 111번 버스(배차시간 25~40분)**

- 기점 : 팔마운동장 (순천역에서 종합버스터미널까지 약 10분 소요)
- 순천역 출발은 약 1시간 40분 소요, 종합버스터미널에서는 1시간 30분 소요

송광사 정류장은 출발과 하차 정류장이 동일하다. '송광사입구' 정류장이 아니라 '송광사' 정류장에서 하차해야 한다. 송광사입구에서 내리면 다음 정류장까지 최소 20~30분은 더 걸어야 한다. 송광사 정류장에서 일주문까지는 약 15분 가량 걸린다.

| 팔마운동장 출발 | | | |
|---|---|---|---|
| 5:45 | 9:30 | 14:10 | 19:00 |
| 6:10 | 10:00 | 15:20 | 19:50 |
| 6:50 | 10:50 | 16:15 | 20:30 |
| 7:40 | 11:40 | 17:00 | 21:05 |
| 8:30 | 12:30 | 17:40 | |
| 9:10 | 13:20 | 18:20 | |

| 송광사 출발 | | | |
|---|---|---|---|
| 6:40 | 10:50 | 17:00 | 21:00 |
| 7:00 | 11:40 | 17:55 | 21:40 |
| 7:40 | 13:20 | 18:35 | 22:10 |
| 8:30 | 14:10 | 19:20 | |
| 9:20 | 15:00 | 20:00 | |
| 10:10 | 15:50 | 20:30 | |

# 선암사

◆ **선암사행 1번 버스 시간**

- 기점 : 팔마운동장 (순천역, 종합버스터미널까지는 약 10분 정도 소요)
- 순천역 출발 약 1시간 50분 소요, 택시비 약 24,000원. 종합버스터미널에서는 약 1시간 40분 소요.
 선암사 버스정류장은 출발과 하차 정류장이 동일하다. 선암사 버스정류장에서 내려 선암사까지는 약 15분 가량 걸린다.

| 팔마운동장 출발 | | | 선암사 출발 | | |
|---|---|---|---|---|---|
| 6:00 | 11:30 | 17:10 | 6:00 | 11:30 | 17:15 |
| 7:00 | 12:20 | 18:00 | 6:20 | 12:40 | 18:20 |
| 7:40 | 13:10 | 19:00 | 7:05 | 13:30 | 19:10 |
| 8:30 | 14:20 | 20:05 | 8:05 | 14:20 | 20:10 |
| 9:30 | 15:05 | 21:20 | 9:40 | 15:30 | 21:10 |
| 10:20 | 16:05 | 22:20 | 10:40 | 16:15 | 22:20 |

# 수려한 풍광으로 유명한
# 조계산 지역

순천시 송광면, 승주읍, 주암면에 걸친 해발 884m 산으로 송광사, 선암사 등 오랜 고찰을 품고 있다. 고온다습한 기후의 영향으로 소강남小江南 혹은 송광산松廣山이라고 불렸다. 동쪽은 이사천伊沙川으로 이어지는 계곡과 꽃대궐인 선암사仙巖寺가 있다.
서쪽 계곡은 송광천으로 이어지며 승보사찰인 송광사松廣寺가 수려하게 펼쳐진다.

조계산 동쪽과 서쪽에서 선종과 교종의 두 종파가 수련도량으로 이름을 얻었다. 송광사와 선암사를 잇는 조계산 길은 굴목이재로, 수려한 풍광과 우리나라 대표적인 불교 순례길로 유명하다. 총 6.5km로 편백나무가 숲을 이루고 있다. 편도로 4시간 정도 소요된다. 물과 간단한 먹거리는 미리 준비하는 것이 좋으며, 산 중턱에 맛집으로 유명한 보리밥집이 있다.

### 선을 낳고 세상을 구하는 사찰
# 송광사

순천시 송광면 송광사안길 100 ● 061-755-0107 ● 하절기 06:00~19:00 동절기 07:00~18:00 어른 3,000원 학생 2,000원 ● 연중무휴 ● 주차 가능

장쾌한 계곡을 따라 일주문으로 접어들면 드넓은 절 마당에 목탁 두드리는 소리와 불경 외는 소리만이 기와 사이를 오간다. 처마에 흔한 풍경風聲 하나 달려있지 않고 오로지 스님의 불경 소리만 들리는 곳. 불자가 아니어도 불심이 생길듯한 절, 해우소마저 멋스러운 송광사다.

송광사는 우리나라 삼보사찰 중 하나로, 유서 깊은 고찰이다. 불교의 세 가지 보배 불(佛)·법(法)·승(僧) 중에서 송광사는 승보사찰(僧寶宗刹)이다. 고려시대 보조국사 지눌을 비롯한 16명의 국사(國師)를 배출하였고, 현대에는 효봉, 취봉, 구산, 일각 스님까지 훌륭한 스님을 배출하였다. 참선도량답게 수행을 위한 원(禪院), 경전교육기관인 강원(講院), 계율교육기관인 율원(律院)을 모두 갖추고 있다. 불교 5대 총림(叢林)의 하나로, 조계총림에 해당한다.

송광사는 신라 말기에 체징(體澄)이 창건하였는데, 당시 이름은 길상사였다. 보조국사가 이곳으로 정혜사(定慧社)를 옮겨와 큰 규모의 사찰로 발전하였다.

불교가 정치와 밀착하며 혼탁해지자 보조국사 지눌(知訥)은 승려들의 참선수행을 결의하는 정혜결사(定慧結社) 운동을 일으킴으로써 이곳은 참선의 큰 도량이 되었다. 이후 1210년 보조국사가 입적하자 고려 희종이 직접 조계산 수선사(修禪寺)라는 제명을 내리고, 제자 혜심(慧諶)을 수선사의 제2세주로 명하였다. 그때부터 조선 초에 이르는 180여 년 동안 15명의 국사가 이곳을 중심으로 수선사의 정신을 이어받아 우리나라 선종을 이끌어왔다. 조선 초기부터 송광산(현 조계산)의 이름을 따 '송광사'라 불린다. 구전에 내려오는 전설에는 송(松)을 파자(破字)하면 '十八公'이고 광(廣)은 불법을 널리 펼친다는 뜻으로, 어른 열여덟 분이 배출된다는 의미를 내포하여 송광사라고 불렀다고 한다. 16국사의 영전을 모신 국사전의 내벽 또한 18칸이라 하니 자못 신비롭다.

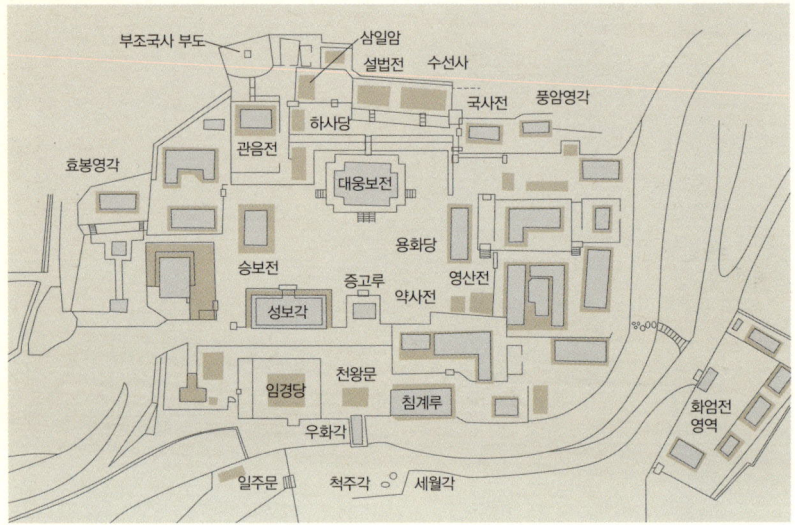
〈송광사 경내〉

## 가람 배치

다른 사찰과 달리 서향인 것이 특징이다. 80여 동의 대가람인 송광사는 화엄종의 영향을 받아 '화엄일승법계도'(華嚴一乘法界圖)처럼 건물이 복잡하게 얽혀 있어 비가 와도 경내에서는 옷이 젖지 않을 정도였다고 한다. 한국전쟁 당시 화재로 대웅전을 비롯한 건물들이 불탔으나 중건을 거듭하여 50여 동의 건물이 있다.

경내는 위쪽의 수선(修禪)영역, 중심에 대웅보전, 아래쪽 진입영역으로 크게 나뉘는데, 참선 공간인 수선영역을 경내 가장 높은 곳에 배치한 것도 특징이다. 불보사찰 통도사가 대웅전 뒤 높은 석축 위에 부처님 진신사리를 모신 금강계단을 배치하고, 법보사찰 해인사는 대웅전 뒤 높은 석축에 팔만대장경을 보관하는 장경판고를 배치한 것과 같다. 송광사의 전각은 동심원을 그리듯 마당을 중심으로 모여 있다. 세 영역은 일직선이 아닌 조금씩 틀어진 배치로 부분적인 자유로움을 지향하는 정혜결사의 정신이 녹아있다.

송광사 마당에는 특이하게 탑이 없다. 처마 끝에 달린 풍경도 없다. 기록에도 탑은 보이지 않는데, 금당 중심의 사찰로 변화하는 선종 초기의 가람배치 양식을 보여준다.

> 송광사 볼거리 ①

## '생각하는 원숭이'가 있는 일주문

계곡을 따라 숲길을 걸어 고승과 공덕주들의 비가 모여있는 비림을 지나 드디어 일주문으로 들어선다. 조선 후기에 지어진 것으로, 짧은 기둥 위에 화려하게 올라간 공포가 아름답다. 일주문 편액에는 '조계산 대승선종 송광사'와 '승보종찰 조계총림'이라는 글씨가 세로로 적힌 것이 특징이다. 돌계단 양쪽 소맷돌 끝에는 돌사자 두 마리가 앉아 있는데, 로댕의 '생각하는 사람'처럼 허리를 세우고 앞발을 들어 턱을 괸 모습이다.

> 송광사 볼거리 ②

## 척주각(滌珠閣)과 세월각(洗月閣)

일주문을 지나 처음 만나는 단칸으로 된 척주각과 세월각. 죽은 이의 위패가 사찰에 들어가기 전 하루 밤 지내며 세속의 때를 씻는 곳이다. 송광사에서만 볼 수 있는 독특한 건물로, '척주각'은 구슬을 씻는다는 뜻으로 남자의 혼을 씻고, 달을 씻는다라는 뜻의 '세월각'에서 여자의 혼을 씻긴다. 척주각과 세월각 앞에 15미터 가량의 고사목은 보조국사가 꽂은 향나무 지팡이인데, 보조국사가 다시 송광사를 찾을 때 살아날 것이라는 전설이 전해진다.

<mark>송광사 볼거리 ③</mark>

### 송광사 최고의 풍경
### 임경당 능허교, 우화각, 침계류

일주문을 지나 계곡을 따라 오르면 무지개 다리인 능허교가 눈에 들어온다. 다리 위의 아름다운 전각인 우화각을 통해 경내로 들어간다. 우화각을 중심에 두고 임경당과 침계류로 이어지는 풍경은 송광사 풍광 중 최고이다. 우화각 왼편의 임경당과 오른쪽의 침계류는 같은 누각의 형태로 보인다. 그 중심에 홍예교인 능허교가 있고, 다리 위에 기둥을 앉혀 일주문처럼 날아갈 듯 물 위로 가볍게 떠있는 우화각의 모습이 아름답다.

우화각에는 옛 시인들이 멋진 풍경을 보고 읊은 한시가 빼곡히 적혀 있다. 숙종 26년(1700년)에 지은 우화각의 팔작지붕과 경내로 이어지는 천왕문이 거의 맞붙어 있다.

임경당은 거울에 비출 만큼 아름다운 건물이라는 뜻으로, 현재 종무소로 사용되고 있다. 사자루라 불리는 '침계류'는 스님이 공부하는 곳이다. 중층의 누각으로 된 건물 아랫부분 벽체에 암기와로 만든 환기용 꽃창이 나있어 눈길을 끈다. 능허교 다리 안쪽에는 이무기 돌이 박혀 있는데 장식 효과도 있고 재해를 막는 주술적 기능도 있다.

> 송광사 볼거리 ④

## 대들보 없는 약사전

보물 제302호로 지정된, 송광사 안에서 가장 작은 한칸짜리 법당이다. 팔작지붕집으로, 천장에 대들보가 없고 공포와 도리로만 지어졌다. 안에는 약사여래와 후불탱화가 모셔져있다.

---

> 송광사 볼거리 ⑤

## 기둥 없는 영산전

보물 303호이며 약사전보다 조금 크지만 건축 양식은 같다. 화려한 다포에 내부는 통칸으로 되어 기둥과 보가 없다. 내부에는 석가여래와 후불탱화, 영산회상도(靈山會上圖), 석가여래의 일생을 묘사한 팔상탱화(八相幀畵)가 봉안되어 있다. 영산회상도는 영조 원년(1725년)의 작품으로 조선의 인물과 풍경, 건물, 복식을 반영한 진경시대 화풍이다. 팔상도 역시 같은 시대 작품이다. 우리나라 불교미술의 수준을 엿볼 수 있는 작품으로 평가받는다.

> 송광사 볼거리 ⑥

## 화려한 공포와 단청, 대웅보전

1988년에 중창한 송광사의 중심 법당. 108평 크기에 이색적인 아(亞)자형의 평면구조이다. 불단에는 과거를 상징하는 연등불, 현세의 석가모니불, 미래를 의미하는 미륵불과 문수·보현·관음·지장 보살을 모시고 있다. 화려한 공포와 단청이 아름다워 하염없이 바라보게 된다. 대웅보전 계단의 4마리 사자가 각기 다른 곳을 바라보는 것도 이색적이다. 중창 이전의 대웅전은 승보전으로 석가여래와 10대 제자, 비구 1,250분이 모셔져 있다. 오전 10시 30분경부터 스님과 불자들이 예불하는 모습을 볼 수 있다.

> 송광사 볼거리 ⑦

## 고풍스러운 조각, 관음전

조선시대 왕실의 원당인 성수각(聖壽閣)이었다. 1902년 고종의 원당으로 1957년 현재의 터에 자리 잡았다. 계단 소맷돌에 돌사자가 조각되어 있고, 내부에는 불상 뒤에 일월도, 민화풍의 벽화, 물고기, 게, 거북이로 조각된 천장 등이 있어 송광사 건물들 중에서도 가장 고풍스럽다고 평가받는다.

### 송광사 볼거리 ⑧

## 멋스러운 전망을 자랑하는 보조국사 부도

관음전 뒤편 언덕에 모셔진 부도로, 보조국사 부도라고 한다. 송광사 유일한 탑으로 경내와 구분하는 외벽을 세웠다. 경내에서 가장 높은 곳에 위치해 있어 조계산과 송광사 전각의 아름다운 기와지붕 능선을 눈에 담기 좋은 곳이다.

### 송광사 볼거리 ⑨

## 성보각

전각과 보물이 많다하여 삼다三多사찰로 불리는 송광사는 국내 사찰 중 가장 많은 문화재를 소장하고 있다. 성보각은 송광사의 보물을 모아둔 박물관이다. 국내 최대의 사찰박물관으로 여러 국보와 보물을 소장하고 있다.

국보로는 지눌이 항상 지녔던 목조삼존불감(木彫三尊佛龕, 제42호)과 고려 고종2년(1215년) 진각국사 혜심에게 왕이 선사의 칭호를 내린 고문서 원본인 혜심고신제서(惠諶告身制書, 제43호), 부처가 일곱 군데서 아홉 번 설법한 것을 그린 화엄경변상도(華嚴經變相圖, 제314호)가 있다.

보물로는 16국사 영정(보물 1043호)과 고려시대 목판대장경을 조선 세조 때에 다시 새긴 목판본, 대반열반경소(大般涅槃經疏, 보물 제90호), 묘법연화경관세음보살보문품삼현원찬과문(妙法蓮華經觀世音菩薩普門品三玄圓贊科文, 보물 제204호), 대승아비달마잡론소(大乘阿毗達磨雜論疏, 보물 제205호), 묘법연화경찬술(妙法蓮華經讚述, 보물 제206호), 금강반야경소개현초(金剛般若經疏開玄鈔, 보물 제207호) 등이 있다. 하사당, 약사전, 영산전도 보물로 지정되어 있다.

### 송광사 볼거리 ⑩

## 승보사찰의 위엄을 드러내는 수선(修禪)영역

대웅보전 뒤편의 높은 석축 위에 조성된 스님들의 참선 공간이다. 승보사찰로서의 송광사 위엄을 보여준다. 국사전(國師殿), 설법전(說法殿), 수선사(修禪社), 하사당(下舍堂), 상사당(上舍堂), 응진전(應眞殿) 등 건물이 있다. 일반인의 출입은 금지되어 있다.

### 하사당

조선 초기에 지어진 가장 오래된 승방이자 유일하게 남은 것이다. 전라도의 민가와 닮은 건물로 정면 3칸 측면 2칸의 맞배지붕과 툇마루, 온돌방, 부엌으로 구성되어있다. 부엌에는 환기장치인 솟을지붕이 툭 튀어 나와 있다.

## 팔만대장경이 머물렀던 설법전

참선 공간이자 팔만대장경이 봉안되었던 곳. 1899년 해인사 팔만대장경을 인쇄하여 삼보사찰에 하나씩 봉안을 하였는데 1951년 화재에 건물과 함께 불탔다. 현재 건물은 1968년에 재건하였고, 지금은 법회를 위한 강당으로 사용하고 있다. 근처에는 보조국사 지눌의 거처였던 수선사가 자리하고 있다.

## 도둑맞은 국사의 초상화, 국사전

세종 2년(1420년)에 중건된 건물로 지눌을 비롯해 고려시대 국사 열다섯 명과 조선 초기 고봉국사까지 16국사의 영정을 모신 곳. 보통 정면 칸수가 홀수인 반면 국사전은 정면 4칸 측면 2칸의 맞배지붕이다. 건립 당시의 희귀한 무늬 단청이 남아있다. 한국전쟁 때 유일하게 화재를 면했지만 1995년 1월 16국사의 영정 가운데 13점을 도난당해 나머지 3점은 성보각에 보관하고 있다. 현재 전시된 영정은 모사품이다.

불일암에 오는 불자을 위한 작은 배려~

**송광사 볼거리 ⑪**

## 불일암

송광사에 16암자가 있었다고 전해지나 현재는 부도암, 감로암, 불일암, 광원암, 일월암, 천자암이 있다. 불일암으로 가는 호젓한 길은 대나무가 숲을 이루는데 무소유길로 불린다. 불일암은 가장 아름다운 암자로, 법정스님이 1975년부터 1992년까지 머무르며 무소유(1976년) 등 많은 저서를 집필한 곳이다. 내부에는 석가모니불이 모셔져 있고 서재와 다실이 남아 있다. 서재 입구에는 추사 김정호의 세한도 영인본이 걸려있다. 불일암 앞의 후박나무는 법정스님이 생전에 가장 좋아한 나무로, 사후에 유골을 모셨다. 불일암까지 약 35분 정도 소요된다. 길이 가파르니 편안한 운동화를 신자.

**템플스테이** www.songgwangsa.org

주말 산사체험, 템플스테이를 운영하고 있다. 매주 주말에 150여 명의 스님들과 함께 송광사에서 하룻밤을 보내며, 장엄한 예불, 차를 마시며 듣는 감로법문, 별빛 가득한 밤하늘, 이른 아침 암자 산책 등의 프로그램으로 구성되어 있다.

## 송광사 3대 명물

### 효봉영각

근대 한국 불교의 고승이신 효봉스님(1888~1966)의 부도다. 인도 아소카왕의 성지에 세워진 석주를 모방해 1968년에 세운 것이다.

### 비사리구시

남원 송동면 세전골의 싸리나무로 만든 밥통으로, 4천 명이 먹을 수 있는 일곱 가마 분량의 밥이 담긴다.

### 능견난사

사찰 음식 담는 그릇으로, 송광사 제6대 국사인 원감국사 충지가 원나라에서 가져왔다. 정교한 수공예품으로 어느 순서로 포개어도 크기가 딱 들어맞는다고 한다. 숙종이 장인(匠人)에게 이와 똑같이 만들 것을 명했으나 실패하자 '보고도 못 만든다'라는 뜻으로 능견난사(能見難思)라는 이름을 붙였다고 한다.

### 조계산의 꽃 대궐
# 선암사
www.seonamsa.net

태고종의 총본산인 선암사는 철마다 아름다운 꽃이 피어 더 유명하다. 봄이면 벚꽃, 목련, 철쭉, 영산홍, 동백, 상사화, 치자 등이 차례로 피고, 선암매라 불리는 매화 50그루는 하얀 꽃으로 물든다. 봄꽃이 모두 질때쯤 겹벚꽃이 피어 절 마당을 아련한 분홍빛으로 물들인다. 이른 봄부터 늦봄까지 온통 꽃으로 가득해 꽃대궐이라 불리기도 한다.

가을이면 은은한 향이 절 마당을 가득 채우는데, 흰색의 작은 꽃이 피는 큰 은목서가 천지이다. 은목서 꽃이 지면 경내는 노란 카펫이 깔린 듯 은행잎으로 물들어 간다. 송광사가 정숙한 여인의 아름다움을 지녔다면 선암사는 꽃처럼 피어나는 소녀 같은 아름다움이 있다.

선암사 창건설화는 두 가지가 전해진다. 통일신라 말기 도선

국사가 호남을 비보하는 3대 사찰의 하나로 창건했다는 설과 성왕 7년(529년) 아도화상이 세운 비로암을 통일신라 경덕왕 원년(742년)에 도선국사가 재건하였다는 설이다. 선암사는 고려 중기 선종 9년 (1092년)에 대각국사 의천에 의해 크게 중창되었다. 의천은 고려 문종의 넷째 아들로, 출가하여 여러 종파를 섭렵한 후 천태종을 개창하였다.

조선 선조 30년(1597년) 정유재란으로 대부분 소실되었고, 이후에도 여러 차례 중건과 소실을 거듭하다가 순조 23년 (1823년) 해붕, 눌암, 익종 스님이 전각 60여 동의 큰 규모로 중창하였다. 지금의 전각 대부분은 이때에 지어진 것이다. 1948년 여순사건과 한국전쟁으로 소실되고 현재 20여 동만이 남았다. 선암사에는 사천왕문과 협시보살상, 부처의 깨달음을 얻은 사람만이 통과할 수 있다는 어간문이 없는 것이 특징이다. 각 전각과 암자에는 탱화가 많은데, 그 수가 약 100여 점에 달한다.

순천시 승주읍 죽학리 산802 ● 061-754-5247(템플스테이 061-754-6250) ● 06:00 ~ 20:00 ● 어른 2,000원 학생 1,500원 ● 연중무휴 ● 주차 가능

### 선암사 볼거리 ①

## 가장 오래된 나무 장승

매표소와 일주문 중간쯤 길 양쪽에 남녀상이 아니라 남자 목장승이 서 있다. 1987년에 밤나무로 만든 것으로 호법선신(護法善神)·방생정계(放生淨界)라 쓰여 있다. 이 전에는 1907년에 세워져 70년 동안 한자리를 지킨, 국내에서 가장 오래된 목장승이 있었다. 목장승은 보통 10년이면 썩는데, 밤나무로 만든 이 목장승은 썩지 않아 설선당에 보관하고 있다.

### 선암사 볼거리 ②

## 승선교

선암사 계곡에 놓인 두 개의 무지개다리로, 승선교라 한다. 숙종 24년(1698년) 호암대사가 축조하였고 다음해 해붕스님이 중수하였다. 더 큰 다리는 보물 제400호로 지정되었다. 장대석을 연결하고 홍예석을 드리워 계곡 양쪽 기슭의 흙길에 연결한 축조공법으로, 기단은 자연석을 그대로 사용하여 오랜 세월 홍수 피해에도 끄떡 없이 버티고 있다. 홍예석 중간에는 이무기 돌이 돌출되어 있는데, 장식은 물론이고 재해를 막는 의미를 지닌다. 날이 좋다면 계곡 아래로 내려가 물에 비친 승선교와 그 사이로 보이는 강선루의 풍경을 담아보자. 순천을 대표하는 장면이다.

### 선암사 볼거리 ③

## 천연기념물 선암매仙巖梅

수령 350~650년에 달하는 매화나무 50그루가 천연기념물 제288호로 지정되어 있다. 조정원종正院 돌담길의 매화나무를 선암사 선암매라 부르는데, 봄이면 선암매를 보기 위해 많은 이들이 찾는다. 보통 3월 말에 만개한다. 해마다 선암사 홈페이지에 개화와 만개 정보를 안내하고 있다.

> 선암사 볼거리 ④

## 계곡과 어우러지는 문, 강선루

선암사 경내가 시작되는 강선루는 팔작지붕의 2층 누각 문루이다. 대부분 일주문 안쪽에 문루를 두는데 독특하게도 일주문 밖에 있다.

> 선암사 볼거리 ⑤

## 계란을 닮은 연못, 삼인당

통일신라시대에는 정타원형의 연못을, 조선시대에는 직선적인 연못 양식이 유행하였다. 선암사의 삼인당은 조금 다른 계란 모양의 타원형 연못이다. 연못 가운데 둥근 섬이 있고, 물줄기가 수로를 타고 이곳으로 흘러든다.

> 선암사 볼거리 ⑥

## 돌담과 이어지는 일주문

양편으로 담장이 있고 석계로 층단을 연결한 형식의 일주문이다. 다른 일주문과 다르게 보이는 것은 양 옆의 담장 때문이다. 화려한 공포의 맞배지붕으로 기둥 위에 용머리가 조각되어 눈길을 끈다. 임진왜란과 병자호란 중에도 화를 입지 않은 유일한 건물이다.

> **선암사 볼거리 ⑦**

## 신라시대 양식의 2기 삼층석탑

보물 제 395호로, 대웅전 앞에 서 있는 2개의 탑. 이중 기단 위에 놓인 석탑으로 전형적인 신라시대 양식이다. 1986년 해체 복원을 통해 초층 몸돌에서 사리 장신구가 발견되었다.

> **선암사 볼거리 ⑧**

## 장엄하고 화려한 대웅전

보물 제1311호로, 고려 헌강왕 5년(876년)에 지어졌다가 임진왜란 때 소실되었다. 현종 원년(1660년)에 중건하였고 다시 소실되어 순조 24년(1824년)에 재중건하였다. 일주문과 범종루를 잇는 가운데 위치해 있다. 정면 3칸 측면 3칸의 다포식 겹처마 팔작지붕이다. 내부는 우물천장으로 단청 장식되어 조선 후기 전형적인 건축양식을 보인다. 외부의 단층은 빛이 바랬지만 내부의 우물천장 단청은 선명하게 남아 있다. 석가모니불 후면에는 비단에 그린 초대형 영산회상도가 있다. 영조 41년(1765년)에 제작된 것으로, 영취산에서 설법하는 석가모니불과 8대 보살, 10대 제자, 12명의 신장상이 그려져 있다.

### 선암사 볼거리 ⑨
## 화엄경상변도

팔상전에 팔상도와 함께 모셔진 그림으로, 화엄경의 내용을 그린 복잡한 구도이다. 정조4년(1780년)에 제작된 그림으로 18세기 후반의 대표적인 불화. 순천 송광사, 하동 쌍계사에 화엄경상변도가 남아 있다.

### 선암사 볼거리 ⑩
## 문살이 아름다운 원통전

관세음보살을 모신 곳. 정면 3칸 측면 3칸의 정방형 건물로 중앙에 합각지붕을 올려 丁자형 평면으로 이뤄진 독특한 건물이다. 내부는 보가 없는 무량 구조이며, 불단 주변은 집 속의 집처럼 둘러쳐진 것이 특징이다. 화려한 꽃창호와 방아 찧는 토끼와 파랑새 장식이 앙증맞다. 내부에 '인(人)' '천(天)' '대복전(大福田)'이라 쓰인 현판이 있는데, 선암사 눌암대사의 100일 기도로 순조가 태어난 것에 대한 보은으로 순조가 하사한 것이다.

### 선암사 볼거리 ⑪
## 시가 떠오르는 화장실, 해우소 '깐뒤'

丁자형으로 지어진 큰 규모의 해우소로, 뒷간 현판으로도 유명하다. 오른쪽부터 읽어야 하지만 이를 두고 사람들은 깐뒤라고도 읽는다. 정호승 시인의, '눈물이 나면 기차를 타고 선암사로 가라. 선암사 해우소로 가서 실컷 울어라~'로 이어지는 시 '선암사 해우소'로 더욱 유명하다.

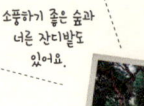

소풍하기 좋은 숲과
너른 잔디밭도
있어요.

### 소풍 가기 좋은
# 고인돌 공원 www.dolmenpark.com

주암호반에 접한 18,000여 평의 부지에 고인돌 140여 기와 선사시대 움집 6동, 구석기 시대 거주지 1동, 남북방식 모형 고인돌 5기를 모아 조성한 야외 박물관이다. 억새와 플라타너스, 단풍나무와 메타세콰이어 나무, 백일홍 등으로 잘 가꾸어 놓은 숲과 오두막, 벤치 등이 있어 공원으로도 제격이다. 무엇보다 주암호를 한눈에 볼 수 있는 목가적이고 낭만적인 분위기가 좋다. 봄의 풍경도 좋고, 단풍이 든 가을도 운치있다.

1984년부터 1991년까지 주암댐이 건설되면서 섬진강 지류인 보성강 유역의 9개면 29개리가 수몰되었다. 주암호는 주암댐 건설로 만들어진 호수로, 수몰 전 발굴조사에서 구석기 유적 4개소, 집단 취락지 4개소(200기), 고인돌 24개소 400기, 백자 도요지 1개소, 선돌 4기 등이 발굴되었다. 그중 고인돌군을 현재의 고인돌공원에 옮겨 복원하였다. 나머지 유물은 국립 광주박물관, 고려대학교, 연세대학교, 한국민속촌, 국사편찬위원회, 호암미술관 등에 이전 복원되었다.

넓은 잔디밭이 펼쳐져 있어 봄과 가을에는 호젓한 소풍을 즐기거나, 아이들이 마음껏 뛰어 놀기에도 아주 좋다. 공원 내부에 매점이 있으나 사람들이 많지 않은 계절에는 문을 열지 않기도 한다. 간단한 음료와 먹거리는 준비해서 가도록 하자. 주암호 일대는 벚나무가 많아 봄이면 호수를 끼고 도는 드라이브 코스가 좋다. 송광사와 가까우니 함께 돌아보자.

순천시 송광면 고인돌길 543 ● 061-755-8363 ● 3~10월 09:00~18:00, 11~2월 09:00~17:00 ● 연중 무휴 ● 어른 1,000원 청소년/군인 700원 어린이 500원 ● 주차 가능 ● 찾아가기 : 버스-순천역에서 63번을 타고 고인돌 정류장 하차. 약 2시간 소요

### 순천의 숨은 명소
# 일일레저타운

주암호 안쪽에 숨어있는, 아는 사람들만 간다는 이곳. 울긋불긋한 산이 거울처럼 비추는 저수지 한가운데 작은 정자가 자리하고, 아슬아슬한 다리가 걸린 풍경은 마치 무릉도원을 떠올리게 한다. 사진에 관심이 많은 이들과 순천 사람들이 꼽는 숨은 명소로, 일일레저타운 혹은 추동저수지, 순천 사람들은 해토머리라고도 부른다. 해토머리는 얼어붙은 땅이 녹아 풀릴 무렵을 일컫는 말인데, 아침 물안개가 피어오르는 풍경이 아름다워 해토머리라 부르는 듯하다.

일일레저타운은 개인이 가꾼 사유지로, 현재는 저수지를 끼고 카페 건물과 숙박동, 야외 통나무 원두막이 몇 동 있다. 통나무로 만들어진 카페 내부는 등나무 테이블 등 80년대풍으로 꾸며져 있다. 이곳에서 인스턴트 커피, 혹은 주인이 직접 담은 솔잎효소차를 주문해 마실 수 있다. 식사는 미리 전화로 예약을 해야 한다.

이곳이 유명세를 타게 된 것은 1995년 모 사진 공모전에서 대상을 수상하면서다. 한때 하루 500여 명의 사진작가들이 찾을 정도로 인기 출사지가 되어 정자와 다리가 훼손될 지경에 이르는 등 몸살을 앓았다. 이에 입장료를 받기 시작하면서 자연스럽게 사람들의 발걸음도 줄었다고 한다.

지금도 신비로운 풍경을 사진에 담기 위해 이 곳을 찾는 이들이 많다. 다만, 사유재산이므로 사진을 찍기 위해서는 주인장에게 허락을 구하도록 하자. 입구에는 사진 촬영을 금하는 현수막이 붙어있다. 주암호에서도 약 6킬로미터 정도 구불진 외길을 운전해야 하므로 안전에 유의하자.

순천시 송광면 월산길 400 ● 주암호 주변, 추동저수지 ● 061-755-4545 ● 10:00~22:00 ● 명절 당일 휴무 ● 커피 3,000원 솔잎 효소차 5,000원 ● 주차 가능 ● 대중교통 이용 불가

## RESTAURANT
맛집

한정식처럼 푸짐한 산채정식
### 길상식당

저렴한 가격으로 한정식 못지않은 한상을 즐길 수 있는 산채정식이 인기이다. 홍어삼합과 전, 산나물, 국과 생선조림, 묵무침, 꼬막무침 등이 한상 가득 차려져 나온다. 반찬이 짜지 않아 부담 없이 배부르게 먹을 수 있다. 이곳의 산채비빔밥은 전을 넣은 것이 특징이다. 나홀로 여행객들에게도 인기. 300명 가까이 수용할 수 있는 큰 규모, 개인은 물론이고 단체 여행객들도 많이 찾는다.

순천시 승주읍 승암교길 8, 주차장 인근 ● 061-754-5599 ● 10:00~21:00
● 산채비빔밥 7,000원 산채정식 12,000원 더덕정식 18,000원 ● 연중무휴
● 주차 가능

### 산행 전 식사하기 좋은
# 벌교식당

송광사 입구에 식당가가 길게 이어져 있다. 꼬막 및 산채정식을 전문으로 하는 식당들이다. 그 중 벌교식당의 인기 메뉴는 산채비빔밥이다. 송광사에서 선암사로 이어지는 트레킹을 하기 전 든든한 한끼로 손색이 없다. 고소하고 부드러운 맛의 산나물을 넣어 비벼 먹는 비빔밥도 맛있고, 찬으로 나오는 나물과 김치도 정갈하고 깔끔하다. 마른나물과 다양한 식재료는 구입 가능하다.

순천시 송광면 신평리 134-1, 송광사 주차장 인근 ● 061-755-2305 ● 09:00~19:00 ● 산채비빔밥 8,000원 ● 비정기 휴무 ● 주차 가능

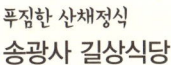

### 푸짐한 산채정식
# 송광사 길상식당

송광사 주차장 인근에 모인 여러 식당 중에서 송광사 입구와 가장 가까이 위치한 식당이다. 산채정식과 꼬막정식, 전과 동동주가 주 메뉴인데, 사찰과 가깝고 산에 위치한 탓에 산채 정식이 가장 인기이다. 다양한 나물 반찬과 돼지고기 수육, 가자미구이, 매실 장아찌 등 건강한 밥상으로 한상 내온다. 송광사를 둘러보고 나오는 길에 들러도 좋고, 이른 아침 식사를 원한다면 산채비빔밥도 좋다. 실내 자리도 있지만, 계곡 옆에 자리한 야외 평상에 자리를 잡고 동동주에 파전을 먹으면 신선놀음이 부럽지 않다.

순천시 송광면 송광사안길 123, 송광사 주차장 ● 061-755-2173 ● 09:00~22:00 ● 산채정식 12,000원 파전 10,000원 동동주 5,000원 ● 연중무휴 ● 주차 가능

순천시 승주읍 신성리 963. 승주읍내에서 선암사 방향 서평교 인근 ●061-754-5320 ●07:00~20:00 ●백반 7,000원 ●명절 휴무 ●주차 가능

### 전라도 김치의 깊은 맛
## 진일기사식당

승주 읍내를 지나 선암사로 가는 삼거리에 위치한 기사식당이다. 흔히 기사식당은 저렴한 가격에 푸짐한 반찬과 넉넉한 양을 자랑하는데, 진일기사식당 역시 그렇다. 식당 안에는 흔한 메뉴판도 없고 식당 벽면에 붙여진 '식대 7,000원'만 보인다. 아주머니에게 사람 수를 이야기하면 갓김치와 무김치 등 4종류의 김치와 나물 반찬과 꼬막이 먼저 차려지고, 조금 있으면 깊은 프라이팬에 끓여낸 돼지고기 김치찜이 나온다. 이곳의 메인요리이다. 푹 익혀 보드라운 김치와 두툼한 돼지고기가 어우러져 밥 한공기가 모자랄 정도이다.

선암사 입구의 식당가는 산채정식과 흑염소 떡갈비, 꼬막정식이 주를 이룬다. 순천에서 이들 음식을 다 맛보았다면 진일기사식당을 추천한다. 나 홀로 사진여행에 나선 이들과 기사님들 사이에서 저렴한 가격에 든든한 한 끼를 먹을 수 있는 곳으로 정평이 나 있다. 반찬으로 나오는 양념게장과 전라도 별미인 고들빼기김치, 갓김치 등 김치맛도 일품이다.

## CAFE & DESSERT
### 카페 & 디저트

### 사찰 카페
# 다송원

송광사에서 직접 운영하는 카페이다. 전통 찻집으로 운영하다가 최근 카페로 새단장을 하였다. 사찰 분위기를 간직한 외부와 멋스러운 테이블, 야생화, 소품들을 둔 실내가 색다른 분위기를 자아낸다. 좌식 공간도 있어 전통차를 예법에 갖춰 마실 수 있다. 전통차와 녹차, 중국차와 커피가 있고, 전통 디저트인 다식과 부각, 연꿀빵과 떡도 판매한다. 간식으로 먹기도 좋다.

순천시 송광면 송광사안길 100, 경내 편백나무 숲 지나서 ●08:30~19:00 ●다식 3,000원~15,000원 오미자차 녹차 4,000~7,000원 쌍화탕 6,000원 ●연중무휴 ●주차 불가

### 송광사 연잎으로 만든
# 백련아이스크림

송광사 스님들의 영농조합법인 솔두레에서 판매하는 아이스크림으로, 스님들이 재배한 유기농 연잎으로 만들었다. 연한 맛의 녹차 아이스크림과 비슷해 달지 않고, 별미로 맛보기에 좋다. 송광사 매표소를 지나면 바로 있다. 사찰을 둘러보고 땀을 식히며 쉬어가기에도 좋은 위치이다.

순천시 송광면 송광사안길 100, 매표소 안쪽 ●09:00~19:00 백련아이스크림 2,500원 ●연중무휴 ●주차 불가

## ACCOMMODATION
숙박

### 은은한 차 향기 흐르는 밤
# 순천 전통야생차체험관

www.suncheon.go.kr/yeyak

선암사 매표소를 지나 넓은 숲길을 걷다가 오른쪽으로 난 길을 따라 올라가면 멋진 누마루의 한옥과 정자가 있는 넓은 공간이 나온다. 순천시가 2007년에 문을 연 전통야생차체험관으로, 잘 가꾼 정원과 마당을 사이에 두고 한옥 건물 8동이 들어서 있다.
이곳에서는 다례체험, 차 만들기, 차 음식 만들기 등의 체험을 할 수 있고, 전통차 판매도 한다. 다례체험은 오후 5시까지 접수받고 체험은 6시까지이다. 간단한 다법을 배운 다음 순천의 야생차와 함께 다식을 맛볼 수 있다. 넓고 수려한 한옥에서 마당의 꽃들을 바라보며 향긋한 야생차를 마시면 분주하던 마음이 차분해지고, 복잡한 마음이 치유되는 기분이다. 가을이면 은은한 흰빛의 구절초가 마당을 가득 채우고, 담장 아래 야생 차나무의 하얀 꽃잎과 풍성한 노란 수술의 차나무 꽃도 볼 수 있다.

숙박동도 있어 하룻밤을 묵어갈 수 있다. 조계산 자락의 맑은 공기에, 밤이면 수많은 별이 빛나고, 이른 아침 산 안개가 펼쳐지는 풍광은 덤으로 누릴 수 있다. 책 읽으며 며칠 쉬어가기에 이 보다 더 좋은 곳은 없을 만큼 아름다운 곳이다.

방마다 다기와 차, 포트가 마련되어 있고, 가족실은 작은 툇마루가 있어 방문을 열면 멀리 조계산 풍경이 보인다. 매일 밤 11시면 마당과 정자의 불이 꺼지는데, 마당에서 별구경을 할 수 있는 좋은 타이밍이다. 도심과 달리 밝게 빛나는 별무리 구경에 고개가 아플 지경이다. 여름이라면 돗자리를 준비해 북극성과 카시오페아를 따라 별그림을 그려보아도 좋다.

숙박은 전화 예약제이며, 2주전 예약이 필수다. 한옥이라 방음과 웃풍에 취약하다는 점은 유의하자. 2~3인까지 묵을 수 있는 가족실과 6인 기준의 사랑채와 안채, 10인 기준의 단체실이 있다.

순천시 승주읍 승주괴목1길 21 ● 061-749-4202, 4203 ● 가족실(3인 기준) 50,000원 사랑채(6인 기준) 100,000원 단체실(10인 기준) 150,000원 안채(6인 기준) 300,000원 ● 체험관 09:00~18:00(17:00까지 입장, 숙박 17:00까지 체크인 11:00 체크아웃 ● 조식 불가 ● 주차 가능(선암사 주차장 이용. 숙박객 경우 오후 7~9시에 체크인할 경우 야생체험관 앞에 주차 가능)

※ 체험관 내에는 순천의 다원들이 나와 시음과 함께 저렴한 가격에 전통차를 판매한다.

HAPPY TRAVEL 04
# 순천 여행 레시피

1판 1쇄 인쇄 2015년 4월 1일
1판 1쇄 발행 2015년 4월 6일

| | |
|---|---|
| **글과 사진** | 김주미 |
| **펴낸이** | 정원정, 김자영 |
| **편집** | 홍현숙 |
| **디자인** | 김민정(010-3354-5646) |
| **사진제공** | 송광사 성보박물관 p.207 |

| | |
|---|---|
| **펴낸곳** | 즐거운상상 |
| **주소** | 서울시 종로구 필운대로 5길 26-1(누하동 158-3) |
| **전화** | 02-706-9452 |
| **팩스** | 02-706-9458 |
| **전자우편** | happywitches@naver.com |
| **출판등록** | 2001년 5월 7일 |
| **인쇄** | 선경 프린테크 |

ISBN 979-11-5536-023-1
　　　979-11-5536-005-7(세트)

* 이 책의 모든 글과 그림, 사진, 디자인을 무단으로 복사, 복제, 전재하는 것은 저작권법에 위배됩니다.
* 책값은 뒤표지에 있습니다.